ASSOCIATION DES INVENTEURS ET ARTISTES INDUSTRIELS
FONDÉE EN 1849
Reconnue comme Établissement d'utilité publique

DE LA CONVENTION INTERNATIONALE POUR LA PROTECTION DE LA PROPRIÉTÉ INDUSTRIELLE

Conclue à Paris entre divers États

LE 20 MARS 1883

ET DES

MODIFICATIONS URGENTES A APPORTER A LA LOI DU 5 JUILLET 1844

AINSI QU'A DIVERSES PRATIQUES ADMINISTRATIVES EN MATIÈRE DE BREVETS D'INVENTION

PAR

ALBERT CAHEN, Ingénieur civil

ET

L. LYON-CAEN, Avocat à la Cour d'appel de Paris

PARIS
IMPRIMERIE BREVETÉE Vve ÉDOUARD VERT
29, rue N.-D.-de-Nazareth et passage du Caire, 12.
ÉDOUARD JULES-JUTEAU, représentant.

ASSOCIATION DES INVENTEURS ET ARTISTES INDUSTRIELS

FONDÉE EN 1849

Reconnue comme Établissement d'utilité publique

De la Convention conclue à Paris entre divers États le 20 Mars 1883

POUR LA PROTECTION DE LA PROPRIÉTÉ INDUSTRIELLE

ET

Des Modifications urgentes à apporter à la loi du 5 Juillet 1844

AINSI QU'A DIVERSES PRATIQUES ADMINISTRATIVES EN MATIÈRE DE BREVETS D'INVENTION

Par MM. ALBERT CAHEN et L. LYON-CAEN

Mémoire présenté à l'Association des Inventeurs et Artistes industriels.

Cette étude a deux objets :

1° Examiner la Convention internationale du 20 mars 1883, puis, demander à l'Association des Inventeurs de se prononcer sur l'opportunité du maintien de cet acte dans ses diverses dispositions relatives aux brevets d'invention.

2° Proposer quelques modifications essentielles ou urgentes à la loi du 5 juillet 1844 et surtout provoquer la réforme d'abus ou de pratiques fâcheuses de la part de l'Administration dans l'exécution journalière de cette loi.

§ Ier

I. — Vous savez, sans doute, déjà, à quelle occasion nous vous présentons les observations que nous suggère la Convention pour la protection de la propriété industrielle.

Au courant du mois de juillet dernier, M. le Ministre du commerce a invité, par une circulaire, les Chambres de commerce à lui adresser leur opinion sur cette Convention internationale conclue à Paris le 20 mars 1883 (1).

L'Association des Inventeurs et Artistes industriels a le plus légitime intérêt à profiter de l'occasion qui se présente pour faire connaître son sentiment sur cet acte. On comprend à merveille que le Ministre ait voulu consulter les Chambres de commerce, investies d'attributions officielles; mais le danger serait grand si, seules, elles faisaient entendre leur voix dans le débat qui s'ouvre, et si le gouvernement se laissait entraîner à suivre leur avis.

L'Association a mission et qualité pour défendre les intérêts des inventeurs contre les entreprises auxquelles ils pourraient être exposés, puisqu'elle se recrute parmi eux. Or, consulter les Chambres de commerce sur la Convention internationale de 1883, qui a pour but de protéger les inventeurs, c'est provoquer les adversaires naturels de ces derniers à une critique partiale et contre laquelle il est de notre devoir de prémunir le gouvernement.

Les Chambres de commerce, composées de commerçants dans beaucoup de villes, de fabricants surtout pour Paris, sont les représentants du domaine public. Les brevets d'invention qui attribuent un monopole légitime à l'inventeur les gênent forcément. D'autre part, les fabricants sont protectionnistes. S'ils ne voient pas d'un œil favorable certains concurrents avoir droit exclusif à l'exploitation d'une invention dont ils seraient heureux de bénéficier, ils ne trouveraient aucun inconvénient à fermer le marché français à d'autres produits que les leurs. Rien de plus humain que ces tendances intéressées. Nous ne leur en faisons point un grief, mais il est indispensable de prévenir le législateur, et c'est ce que nous faisons.

---

(1) Voici les termes de la circulaire ministérielle :

« Un de mes honorables prédécesseurs vous a transmis, avec une circulaire du 26 août 1884, » le texte d'une Convention conclue à Paris, le 20 mars 1883, entre divers Etats, pour la protec- » tion de la propriété industrielle.

» Certaines dispositions de cette Convention ayant donné lieu à des réclamations, j'ai pensé » qu'il serait utile d'inviter les Chambres de commerce à étudier cet acte international et à faire » connaître les modifications dont il leur paraîtrait susceptible.

» La réunion prévue par l'article 14 de la Convention pour la revision de ses articles, et » qui devait avoir lieu à Rome en 1885, a été, sur la demande du gouvernement d'Italie, et » d'accord avec le bureau international de Berne, ajournée au mois d'avril 1886. Il importe que » d'ici là le gouvernement de la République ait pu recueillir et examiner les avis des représen- » tants du commerce français. Je vous serai donc obligé de me transmettre le plus tôt possible » les observations que votre Chambre pourrait avoir à présenter au sujet de la Convention du » 20 mars 1883.

» Recevez, etc.

» *Le Ministre du commerce,*

» Pierre LEGRAND. »

II. — La Convention internationale du 20 mars 1883 vous est connue. Elle ne vous a pas été communiquée à sa date, mais elle n'est que la reproduction dans les dispositions relatives aux brevets, des articles du projet de Convention arrêté par la Conférence internationale de 1880 qui a été inséré au Bulletin n° 6, du 1er janvier 1881.

Comme cette publication n'était accompagnée d'aucun commentaire, nous croyons devoir vous rappeler l'objet de la Conférence diplomatique dont nous avons à étudier l'œuvre, en même temps que les circonstances dans lesquelles elle a été convoquée.

Le but de la Conférence était de créer une Union internationale pour la protection de la propriété industrielle, de provoquer une entente sur l'adoption de dispositions communes aux divers pays pour faciliter la prise des brevets, et enfin de rendre, autant que possible, uniformes les législations nationales en cette matière.

Le gouvernement français avait pris l'initiative de la Conférence, à la suite du Congrès de la propriété industrielle qui s'est réuni à Paris, au Trocadéro, en 1878, lors de l'Exposition Universelle. En se séparant, le Congrès avait constitué une Commission permanente qui devait lui survivre et poursuivre la réalisation de ses vœux, soit par des conventions diplomatiques, soit par des lois nationales.

Quelques esprits chagrins ont violemment critiqué le Congrès, composé, ont-ils dit, d'hommes sans qualité, quoique peut-être compétents, et ils ont accusé les ministres français et les Chambres de s'en être aveuglément rapportés à lui.

« On nous parle, dit M. Donzel (*Journal des Procès en contrefaçon*, 2e année, » n° 28), du Congrès du Trocadéro, d'où est partie l'idée de la réforme. Il y avait à » ce Congrès (côté français), une douzaine d'apôtres s'étant délégués eux-mêmes » réciproquement pour parler au nom de la France, prêchant tour à tour dans le » désert, à deux pas de cette oasis merveilleuse qui s'appelait l'Exposition de 1878, » mais se consolant à la pensée que des sténographes patriotes recueillaient pieu- » sement leurs moindres paroles pour les expédier plus tard, sous forme de volume, » à tous les adhérents. Le registre des inscriptions, plein de promesses, leur don- » nait l'espoir d'être reliés en veau dans des cabinets d'ingénieurs des quatre » parties du monde. Voilà la vérité, rien que la vérité. » Un peu plus bas, M. Donzel reproche aux organisateurs du Congrès d'avoir à l'avance préparé son œuvre.

Nous n'avons point à défendre le Congrès de 1878, ce qui ne rentre en aucune façon dans le cadre de ce travail, et n'offrirait qu'un intérêt bien contestable. Un Congrès est forcément une réunion de spécialistes ouverte à tous ceux qui veulent y prendre part, et celui qu'on attaque n'a vu refuser son entrée à personne. L'auteur même de l'article que nous venons de citer y a participé et y a parlé.

Les industriels adhérents et assistant aux séances étaient nombreux. Mais qu'importe?

Les résolutions du Congrès n'avaient aucune force de loi, et si elles ont été prises en considération par les Etats adhérents à la Conférence, et non pas seulement par le gouvernement français, c'est qu'elles étaient de nature à réaliser un progrès, et dignes, à ce titre, de passer du domaine des vœux dans celui de la législation.

III. — L'idée de constituer une Union pour la protection de la propriété industrielle ne saurait soulever d'objection. Elle a été saluée comme une innovation bienfaisante. Ceux-là seuls peuvent la critiquer qui sont ennemis de l'*institution* même des brevets, et leur nombre tend chaque jour à diminuer. C'est cette Union que réalise l'article 1er de la Convention de 1883, entre les Gouvernements de la Belgique, du Brésil, de l'Espagne, de la France, du Guatemala, de l'Italie, des Pays-Bas, du Portugal, du Salvador, de la Serbie et de la Suisse. La Grande-Bretagne est, depuis, entrée dans l'Union. L'abstention de l'Allemagne était motivée sur l'expérience toute nouvelle que faisait cet État de la loi du 25 mai 1877, sur les brevets. Il ne voulait pas risquer d'être obligé à des modifications qui auraient pu résulter de sa participation à la Conférence. Mais un mouvement considérable, et qui a trouvé son expression récente dans les votes des Chambres de commerce, consultées par la diète commerciale allemande, presse le gouvernement d'adhérer à la Convention. Il en est de même en Autriche-Hongrie. Le gouvernement austro-hongrois n'avait également décliné l'invitation qui lui avait été adressée que pour ne point se mettre en désaccord avec sa législation intérieure, qui n'accorde de protection à la propriété industrielle étrangère que sous condition de réciprocité.

A part ces deux États, qui donnaient de leur abstention des raisons tout individuelles et spéciales, on peut dire que l'idée d'une Union internationale pour la protection de la propriété industrielle fut accueillie avec empressement par toutes les nations et acclamée par les inventeurs.

IV. — De 1880 à 1883, c'est-à-dire depuis l'adoption par la Conférence du projet de Convention, rien ne faisait prévoir une protestation contre l'œuvre commune sortie de la délibération des Commissaires, lorsque, il y a peu de mois, notre collègue, M. Donzel, rédacteur en chef du *Journal des Contrefaçons*, se posant en champion de l'industrie française, demanda à grands cris la dénonciation de cette Convention, qui aurait sacrifié les intérêts de nos industriels.

Ce n'est pas, il faut le noter, sur un soulèvement spontané considérable, si ce n'est général, dans notre pays ou parmi nos industriels et commerçants, que le mouvement a pris naissance. Cela pourrait avoir une signification importante et à laquelle il y aurait lieu de s'arrêter. Quand une loi qui blesse un intérêt national vient à être votée, un *tolle* bruyant s'élève. Les esprits vigilants, et ils sont nombreux et intéressés, s'agitent.

Voici comment, d'après le *Petit Journal* (nº du lundi 10 août 1885), les effets désastreux de la Convention de 1883 auraient été constatés :

« Nous avons attendu, dit M. Thomas Grimm, ce moment de calme relatif » précédant la période électorale ardente, pour parler d'une grave question, soulevée par M. Donzel, avocat, rédacteur en chef du *Journal des Procès en contrefaçon*.

» M. Donzel a étudié à fond la Convention internationale sur la propriété » industrielle, conclue le 20 mars 1883 et rendue exécutoire par suite de la » promulgation, le 6 juillet 1884.

» Nous avions remarqué, non sans surprise, que ni l'Allemagne, ni l'Angleterre ne faisaient partie des États contractants : cette *abstention* nous avait » paru louche, car ces deux États sont les implacables ennemis et les concurrents » acharnés de la France.

» M. Donzel, obligé par situation d'aller au fond des choses, s'est aperçu que » cette abstention est motivée par ce fait que la France fait aux étrangers, con» tractants ou non, des avantages immenses, sans compensation aucune.

» Ayant fait cette découverte, M. Donzel a adressé aux Chambres de commerce » une lettre explicative qui a provoqué une véritable agitation.

» M. Donzel, dans les commentaires publiés par son journal, croit que les » commissaires français, chargés de négocier, ont agi sous l'influence de la géné» rosité, qui est le fond de notre caractère ; ils auraient été entraînés par cette » sorte de don-quichottisme qui nous a fait faire si souvent tant de sottises. »

V. — Ainsi, c'est une *découverte* de M. Donzel qui a dévoilé les funestes conséquences de la Convention. C'est, d'abord, la seule protestation qui s'est fait entendre et à laquelle a répondu, avec plus d'ardeur et d'acrimonie, la Chambre de commerce de Paris, — composée en majeure partie de fabricants !

Nous avons voulu citer toute la première partie de l'article du *Petit Journal*, parce qu'il s'y est glissé une curieuse réflexion et qui aurait dû mettre en garde les agitateurs contre les prétentions qu'ils soulevaient.

M. Donzel et le *Petit Journal* s'étonnent, en effet, de l'abstention de l'Allemagne et de l'Angleterre à la Convention de 1880 et de 1883, *parce qu'ils seraient nos ennemis acharnés et nos concurrents les plus redoutables.*

Voilà qui déjà laisserait supposer que l'appât fourni par la Convention ne suffisait pas à attirer les nations hostiles ou intéressées à notre défaite ! Ah ! si l'Allemagne et l'Angleterre avaient de suite adhéré, et avec enthousiasme, à la

Convention, M. Donzel et le *Petit Journal* n'auraient pas manquer de s'écrier : « Voyez, vous avez fait le jeu de l'étranger, car ceux qui rêvent d'écraser » notre industrie et notre commerce ont applaudi des deux mains à votre » Convention. »

Mais c'est tout le contraire ; l'Allemagne a, jusqu'ici, refusé d'adhérer à l'Union, nous en avons indiqué le motif, et l'Angleterre, comme l'a justement rappelé M. Bozérian à M. Donzel, n'y est entrée qu'après une longue résistance.

Pourquoi donc nos plus mortels ennemis ne s'étaient-ils point de suite emparés de l'arme terrible que leur offrait la Convention.

Le *Petit Journal* avoue ingénument qu'il en était étonné sans se l'expliquer, mais la lumière lui est venue de M. Donzel, qui s'est aperçu que cette abstention provenait de ce que « *la France fait aux étrangers contractants ou non des avan-* » *tages immenses, sans compensation aucune.* »

C'est à notre tour d'être étonnés. Comment, la France fait à ceux qui n'ont pas contracté les mêmes avantages qu'aux contractants? Où a-t-on vu cela? Pourquoi l'Angleterre a-t-elle alors adhéré à la dernière heure, si ce n'est pour jouir des avantages de la Convention? Pourquoi en Allemagne, les industriels, les inventeurs, les sociétés industrielles demandent-ils que leur pays entre dans l'Union?

La vérité ne ressort-elle pas de la simple lecture de l'acte de 1883? Les articles 2, 3, 4, 5 ne sont applicables à d'autres pays qu'à ceux qui ont conclu la Convention, qu'à une condition : celle d'entrer dans l'Union, en adhérant à la Convention ; les États non contractants ne peuvent bénéficier des dispositions de cet acte.

Nous ne saisissons pas la portée d'une argumentation qui nous paraît, d'ailleurs, reposer sur une erreur flagrante.

VI. — La Chambre de commerce de Paris, saisie uniquement par la lettre de M. Donzel, a nommé une commission composée de MM. Cousté, président, Martial Bernard, Hachette, Marcilhacy, Noël, Ouvré, Poirrier, et de M. Jules Piault, rapporteur habituel sur les questions relatives à la protection de l'industrie parisienne, pour examiner l'utilité de dénoncer la Convention internationale sur la propriété industrielle (1883).

M. Jules Piault a rédigé un rapport qui a été converti en délibération, à l'unanimité des votants, et qui conclut à la dénonciation du traité.

Nous allons, en examinant les divers articles, voir sur quels motifs patriotiques et équitables, si ce n'est généreux, — puisqu'ils repoussent d'avance, comme une naïveté ou un don-quichottisme, la générosité dans les traités, — se fondent les adversaires de la Convention, pour en demander la dénonciation.

§ II.

VII. — Il est bon de noter, tout d'abord, que l'idée d'une Union n'est point du tout répudiée par la Chambre de commerce de Paris, qui revendique hautement le profit des clauses régissant les marques et les noms dans la Convention.

L'article 1er et fondamental, constitutif de l'Union, est et demeure donc inattaqué.

La Chambre de commerce de Paris ne conteste pas davantage, en lui-même, l'article 2, ainsi conçu :

« Les sujets et citoyens de chacun des États contractants jouiront, dans » tous les autres États de l'Union, en ce qui concerne les brevets d'invention, les » dessins ou modèles industriels, les marques de fabrique ou de commerce et le » nom commercial, des avantages que les lois respectives accordent actuellement » ou accorderont par la suite aux nationaux. En conséquence, ils auront la même » protection que ceux-ci et le même recours légal contre toute atteinte portée à » leurs droits, sous réserve de l'accomplissement des formalités imposées aux » nationaux par la législation intérieure de chaque Etat. »

Le sens et la portée de cet article ressortent clairement de la lecture de la discussion à laquelle il a donné lieu au sein de la Conférence, et du changement apporté à sa rédaction. M. Jagerschmidt, délégué de la France, répondait, à la séance du 6 novembre 1880, à M. Demeur, délégué de la Belgique. Suivant M. Demeur, la Conférence ne devait pas s'arrêter à la législation existante, et chaque délégué, trouvant dans les lois de son pays un principe qui ne serait pas en harmonie avec la justice, ne devrait pas hésiter à appuyer, dans la limite de ses pouvoirs, le principe qui aurait été adopté. M. Jagerschmidt faisait observer avec grande raison que s'il devait y avoir Union, cette Union ne pouvait s'établir qu'à la condition de respecter, autant que possible, les législations intérieures de chaque Etat. Il ajoutait que « tout en partageant les vues exprimées » par M. Demeur, il pensait qu'il fallait aller lentement pour réussir, et se con- » tenter de demander, pour les étrangers, l'application du traitement national. » Il terminait en rappelant que « dans ces conditions, des Etats qui, comme les Pays- » Bas et la Suisse, ne protègent pas les brevets d'invention, accepteraient l'ar- » ticle 2, puisque les étrangers, ne pouvant réclamer que la protection accordée » aux nationaux, ne sauraient, dès lors, obtenir une protection dont ces der- » niers ne jouiraient pas. » Ce langage obtint un plein succès, car il amena M. Kern, délégué suisse, et M. Van der Loeff, délégué des Pays-Bas, à déclarer qu'ils voteraient l'article 2 avec la rédaction proposée. M. Kern annonça même qu'une loi sur les brevets serait présentée en Suisse et que le Conseil national avait, à l'unanimité, voté la proposition que lui avait faite, sur cet objet, un de ses membres.

VIII. — Le projet de rédaction de l'article 2 portait que « les sujets et » citoyens de chacun des États contractants, jouiraient, *réciproquement*, dans tous » les autres États de l'Union, des avantages que les lois respectives accordent » actuellement aux nationaux, etc. » Le mot *réciproquement* a disparu comme on vient de le voir du texte définitivement adopté.

C'est sur l'objection faite par M. Weibel, délégué suisse, que la Conférence, conformément aux avis exprimés par M. Herich, délégué de la Hongrie, et du délégué des Pays-Bas, supprima cette expression comme pouvant donner lieu à de fausses interprétations et faire croire à une condition de réciprocité qui n'était pas dans la pensée des auteurs de cet article.

Cette condition, il ne fut dans la pensée d'aucun des délégués de l'imposer. Elle était incompatible avec l'état actuel des progrès du droit international. Il suffit de voir ce qui se passe dans les différentes nations pour être convaincu que la réciprocité n'a pas besoin d'être écrite. Elle est la conséquence presque nécessaire de la concession faite spontanément par un État.

C'est pour ce motif que le principe de réciprocité avait été rejeté par le Congrès de la propriété industrielle, sur la constatation décisive de M. Clunet, qu'à partir de la loi française de 1852 sur la propriété littéraire, protégeant les œuvres étrangères au même titre que les œuvres nationales, nous pûmes conclure un grand nombre de traités protecteurs des œuvres de nos nationaux à l'étranger.

Est-il utile d'ajouter que la loi du 5 juillet 1844 avait déjà, et bien antérieurement au grand mouvement de législation internationale actuel, fait litière du principe suranné de la *réciprocité*, en disposant dans son article 27, que les étrangers, sans cette condition, pourraient prendre des brevets en France ?

IX. — L'article 3 de la Convention a été voté par la Conférence sans aucune opposition. Suivant cette disposition : « Sont assimilés aux sujets ou citoyens des » États contractants, les sujets ou citoyens des États ne faisant pas partie de » l'Union, qui sont domiciliés ou ont des établissements industriels ou commer- » ciaux sur le territoire de l'un des Etats de l'Union. » L'extension de la protection de la propriété industrielle aux étrangers domiciliés dans un des pays, ou y exerçant un commerce, ne peut nuire à aucun intérêt et nous semble être une application de cette règle de probité moderne, de plus en plus consacrée et qui fait de la propriété industrielle, un droit naturel, simplement réglementé mais non créé par la loi. C'est en même temps une conséquence de la reconnaissance, au profit de l'étranger, des droits civils que lui accordent le plus grand nombre des lois actuelles, sur le territoire où il réside.

Ces explications justifient, pensons-nous, bien complètement la disposition qu'on vient de lire.

Elles n'ont pas satisfait les Chambres de commerce de Paris et de Valenciennes.

« Par l'article 3 de la Convention, dit la Chambre de commerce de Paris, » nous assimilons aux citoyens des nations qui ont adhéré, les sujets des Etats ne » faisant pas partie de l'Union, pourvu qu'ils aient leur domicile ou un établisse- » ment soit industriel, soit commercial sur le territoire de l'un des Etats de » l'Union. — Ainsi, le sujet d'une nation ne faisant pas partie de l'Union jouira » des mêmes droits que si sa nation était contractante, par le seul fait qu'il aura » son domicile ou une location commerciale de l'importance la plus minime sur » le territoire d'une nation contractante. »

« On s'étonne plus encore, Monsieur le Ministre, dit la Chambre de Valen- » ciennes, de voir l'article 3 du traité, assimiler aux sujets ou citoyens des Etats » contractant les sujets ou citoyens des Etats ne faisant pas partie de l'Union, » sous la seule condition qu'ils soient domiciliés ou aient des établissements » industriels ou commerciaux sur le territoire de l'un des Etats de l'Union. Il en » résulte (pour prendre comme exemple un pays dont la rivalité nous est redou- » table et dans lequel les brevets d'invention ne sont pas concédés sans difficulté » à nos nationaux), il en résulte qu'un sujet de l'Allemagne n'a qu'à établir un » magasin de vente en France, ou même en Suisse, en Espagne, au Brésil, pour » profiter du traité! »

Les délibérations des Chambres de commerce nous paraissent avoir singulièrement élargi la faculté de l'article 3. Oui, tout étranger aux Etats de l'Union pourra, soit en transférant son domicile dans l'un d'eux, soit en y fondant un établissement commercial ou industriel, être traité comme un des nationaux de cet Etat. Ce n'est là qu'une suite du principe déjà admis dans la loi de 1844: l'assimilation des étrangers aux nationaux, en matière de propriété industrielle. Mais, 1° l'étranger est tenu, pour jouir des droits en résultant, de remplir les obligations imposées par les lois du pays : prendre un brevet, l'exploiter sur le territoire, en conséquence payer les impôts, etc.; — 2° il faut, aux termes de l'article 3, qu'il ait non seulement une *résidence*, mais son *domicile* dans un des pays unionnistes, c'est-à-dire qu'il y ait établi son principal établissement, ce qui en France, résulte d'une autorisation accordée par le Gouvernement et assure à l'étranger la jouissance de ses droits civils; 3° enfin la possession et l'exploitation d'une industrie ou d'un établissement commercial peuvent remplacer la condition de domicile. Cela se conçoit et les avantages que tire le pays d'un commerce ou d'une industrie nouvelle suffisent à justifier cette équivalence.

Mais, dit la Chambre de commerce de Paris, si le domicile est insignifiant? Si la location est de la plus minime valeur? — La Chambre de commerce se trompe : non, il ne suffit pas qu'un étranger loue une chambre sur un des territoires de l'Union pour être protégé. Il faudra qu'il y ait transporté effectivement ce qui constitue ses moyens d'existence essentiels et qu'il ait suffisamment manifesté qu'il abandonnait son domicile ancien, car on ne peut avoir plusieurs domiciles. Il faudra qu'il ait un *véritable* établissement industriel et commercial. Il est évident que si l'étranger a tout bonnement simulé une translation de domicile ou la création d'un établissement industriel ou commercial, s'il n'a qu'une boutique ouverte pour la forme, s'il se livre à une apparence de fabrication, il pourra se voir refuser le bénéfice de l'article 3, car il y aura là un dol, une fraude qui n'est pas protégée par la Convention.

Il est très vrai qu'un sujet de l'Allemagne pourra jouir des effets de la Convention en s'établissant *effectivement* en Suisse, au Brésil — ou même en France. Mais quoi de plus rationnel? Les nations n'ont-elles point le plus grand intérêt à voir développer chez elles leur commerce et leur industrie, même par des étrangers qui s'y viennent installer? Notre commerce d'exportation n'est-il pas presque tout entier aux mains des Allemands, des Anglais, des Américains et des Espagnols et n'en profitons-nous pas dans une large mesure?

Quant à l'argument tiré de ce fait pour prétendre, comme le fait la Chambre de commerce de Paris, que les Etats non compris dans l'Union n'ont pas d'intérêt à y entrer parce que leurs sujets peuvent, en s'établissant dans un des pays unionnistes, arriver individuellement à la protection. il est plus incompréhensible encore. Comment, l'Allemagne, par exemple, n'aurait aucun intérêt à entrer dans l'Union parce que ses commerçants et ses industriels peuvent, en émigrant, bénéficier du traité!

X. — Une des plus importantes innovations de la Convention est celle que, pour la première fois, réalise l'article 4 : le bienfait qui en résulte pour l'inventeur voulant prendre des brevets dans plusieurs Etats est indéniable, et le bénéfice qu'en tirent les Français est certain. La loi du 5 juillet 1844, en harmonie sur ce point avec la plupart des lois régissant la propriété industrielle, n'admet comme brevetables que les inventions nouvelles (article 1er). Or, pour qu'une invention puisse être considérée comme nouvelle, il faut, suivant l'article 31 de la même loi, qu'elle n'ait reçu ni en France, ni à l'Etranger, antérieurement à la date du dépôt de la demande de brevet, aucune publicité suffisante pour pouvoir être exécutée. D'après la jurisprudence française, conforme d'ailleurs aux dispositions des lois et aux décisions des tribunaux de plusieurs autres États, tout fait de publicité quel qu'il soit, à quelque époque qu'il remonte, en quelque pays qu'il ait eu lieu, suffit à enlever à une invention le caractère de nouveauté exigé pour la brevetabilité. Un brevet pris à l'étranger, dès qu'il a été publié, suffit donc à empêcher la prise ultérieure d'un brevet en France pour la même invention, malgré les termes de l'article 29 portant que « l'*auteur* d'une invention ou découverte » déjà brevetée à l'étranger, pourra obtenir un brevet en France. » L'inventeur, en ce cas, pourra bien se faire valablement breveter si son brevet étranger n'a reçu aucune publicité; dans le cas contraire, il tombe sous le coup de la nullité édictée par l'article 30. Les jurisconsultes s'étaient dès longtemps préoccupés de cette situation, non pas seulement particulière à notre pays, mais commune à tous ceux qui font de la nouveauté absolue, et par suite de la non-divulgation à l'étranger par l'effet d'un brevet qui y aurait été pris et publié, la condition indispensable de la prise d'un brevet. Il en résultait que presque jamais l'inventeur ne pouvait se faire breveter valablement en France, après avoir pris un brevet ailleurs, car les lois sur les brevets prescrivent presque toutes la publication, soit dans des feuilles spéciales, soit par des communications au public, du brevet obtenu. A partir du jour où cette publicité légale, obligatoire, s'était produite, plus de brevet possible ailleurs ! Le domaine public pouvait s'emparer de l'invention et dépouiller impunément l'inventeur désormais sans protection ! Quel était le remède efficace à un semblable abus? Dès 1870, le Congrès d'Anvers avait imaginé un expédient fort ingénieux. Il avait voté une résolution suivant laquelle l'inventeur devrait pouvoir effectuer simultanément ses demandes à l'autorité compétente et aux consulats des diverses nations étrangères.

Une résolution semblable fut votée par le Congrès de la propriété industrielle de 1878, mais à titre provisoire seulement, et la section française de la Commission permanente, en préparant un projet d'Union internationale adopta une proposition de M. Barrault, amendée comme suit par MM. Pouillet et Charles Lyon-Caen : « Tout dépôt d'une demande de brevet régulièrement faite dans l'un des pays » concordataires est attributif de priorité d'enregistrement dans les autres États » pendant un délai de..... »

C'est ce système qui, avec quelque différence dans la rédaction, a été adopté par la Conférence. La discussion de la disposition qui formait alors l'article 3 du Projet, devenu l'article 4 actuel, a été longue et laborieuse.

Il semble à la fois utile et intéressant de rapporter ici l'historique des incidents et des travaux préparatoires d'après les procès-verbaux des séances, car il éclairerait, si quelque difficulté venait à surgir, la rédaction définitive.

L'article originaire était presque conforme au texte de la résolution du Congrès de 1878 rapportée plus haut.

M. Jagerschmidt, délégué français, justifiait ainsi cette disposition : « Lorsqu'un industriel a pris un brevet d'invention dans un pays, ou déposé un » dessin ou une marque, il résulte de ce fait une publicité dont une autre per- » sonne peut indûment profiter pour se hâter d'acquérir, dans un autre pays, la » propriété de ce brevet, de ce dessin ou de cette marque. Le but de l'article est » de prévenir cette manœuvre en donnant au premier déposant un droit de prio- » rité d'enregistrement dans tous les États de l'Union, pendant un délai déter- » miné. »

Cette explication incomplète ne montrait pas tout entier l'intérêt pratique considérable s'attachant au vote d'un article qui permettait désormais à tout inventeur d'obtenir, sans crainte de le voir annuler pour défaut de nouveauté, un brevet d'invention dans tous les pays. Aussi ne fut-elle pas bien comprise de suite par le délégué de la Russie, M. Nébolsine, seul opposant à l'adoption du projet.

Mais bientôt, M. Bozérian, président de la Conférence, fournit des explications qui méritent d'être reproduites pour la clarté du débat : « En France, dit- » il, quand une invention a reçu, n'importe où et de quelque manière que ce soit, » une publicité quelconque, elle ne peut plus être brevetée valablement. Il s'agit, » dans un intérêt d'honnêteté, de faire disparaître cette disposition. La richesse » n'est pas, en général, l'apanage de l'inventeur, et c'est à peine si souvent il » peut prendre un brevet dans son pays. Si l'on multiplie les frais qui le » grèvent en l'obligeant de déposer des demandes de brevet dans les autres » pays, il lui sera impossible de garantir ses droits en France, parce qu'il aura » pris, antérieurement au dépôt qu'il y aura effectué, son brevet dans son propre » pays et que, dès lors, son invention ne sera plus nouvelle aux termes de la » loi française. »

Il fut de plus nettement indiqué par le même orateur que l'article proposé n'avait pas pour but ni pour effet d'accorder *hic et nunc* au déposant des brevets dans les États de l'Union, mais de lui permettre d'en obtenir dans un certain délai sans encourir une nullité pour défaut de nouveauté, et, par conséquent, qu'il ne compromettait aucun intérêt.

Ces éclaircissements parurent satisfaire la Conférence, et les seules rectifications apportées à la rédaction eurent pour but de préciser la portée et les effets de la clause à savoir, notamment : de donner au dépôt de la demande un effet simplement déclaratif ; de réserver les droits des tiers et de laisser entière la compétence des tribunaux de chaque pays sur le fond du droit au brevet.

C'est ainsi que fut voté l'article 4, dont nous rappelons ici les termes :

« Celui qui aura régulièrement fait le dépôt d'une demande de brevet d'in- » vention, d'un dessin ou modèle industriel, d'une marque de fabrique ou de com- » merce, dans l'un des États contractants, jouira, pour effectuer le dépôt dans » les autres Etats, et sous réserve des droits des tiers, d'un droit de priorité pen- » dant les délais déterminés ci-après.

» En conséquence, le dépôt ultérieurement opéré dans l'un des Etats de » l'Union, avant l'expiration de ces délais, ne pourra être invalidé par des faits » accomplis dans l'intervalle, soit, notamment, par un autre dépôt, par la publi- » cation de l'invention ou son exploitation par un tiers, par la mise en vente » d'exemplaires du dessin ou du modèle, par l'emploi de la marque.

» Les délais de priorité mentionnés ci-dessus seront de six mois pour les

» brevets d'invention, et de trois mois pour les dessins ou modèles industriels, » ainsi que pour les marques de fabrique ou de commerce. Ils seront augmentés » d'un mois pour les pays d'outre-mer. »

XI. — La Convention du 20 mars 1883 n'a pas touché à cette disposition du projet de 1880, qui nous semble à l'abri de toute critique par les motifs que nous croyons avoir suffisamment développés plus haut et nous avons été fort surpris de voir qu'elle n'avait pas trouvé grâce auprès de la Chambre de commerce de Paris.

Le rapport de M. Piault s'exprime ainsi :

« L'examen du principe fondamental de la brevetabilité, qui, aux termes de » la loi française, veut qu'une invention implique une révélation industrielle (loi » du 5 juillet 1884, art. 30, loi complétée et expliquée depuis par une jurispru- » dence constante), nous entraînerait certainement à donner à ce rapport des » dimensions considérables que déjà l'urgence de la situation, à elle seule, nous » interdirait.

» Hâtons-nous seulement de dire que ce grand principe de législation a été » méconnu par la Convention internationale diplomatique du 20 mars 1883, dans » son article 4, qui a créé subitement, au profit exclusif des inventeurs étran- » gers, des privilèges relatifs à des inventions que la loi du 5 juillet 1844 déclare » acquises au Domaine public pour cause d'antériorités ou de divulgation. »

Voilà une critique qui manque singulièrement de netteté, et ce n'est pas surprenant, car elle n'a aucune signification plausible. Elle veut dire tout simplement que la Chambre de Commerce préfère la situation intolérable faite à ceux qui, brevetés en pays étrangers voulaient se faire breveter en France, à celle résultant de la Convention. Libre à elle de donner son adhésion à l'ancienne jurisprudence, d'après laquelle l'article 29 de la loi de 1844, permettant à toute personne déjà brevetée à l'Étranger de prendre un brevet en France, devenait lettre morte. Quelle raison donne-t-elle pour cela? Elle invoque le PRÉTENDU GRAND PRINCIPE, d'après lequel toute invention, pour être brevetée, doit constituer une révélation, c'est-à-dire être absolument nouvelle.

Le principe est incontestable, mais en quoi la Convention de 1883 le met-elle en péril, en décidant que la prise d'un brevet à l'étranger suivie immédiatement, ou ce qui revient au même, après un délai moral très court, de la prise d'un brevet français, ne constituera pas une divulgation frappant ce dernier brevet de nullité ? et cela en vertu d'une fiction légale d'après laquelle le brevet pris en France est censé avoir été pris le jour où le brevet étranger a été demandé. (1).

---

(1) M. Adrien Huard a très heureusement fait ressortir cette nouvelle fiction de la Convention de 1883, en réponse à une proposition de M. Armengaud jeune, qui pensait qu'il y avait lieu

C'est là une décision de bon sens, tout aussi utile aux inventeurs français qu'aux étrangers, et c'est de plus, comme on l'a bien fait remarquer dans les délibérations de la Conférence, une solution de PROBITÉ INTERNATIONALE.

En effet, avec le système que préconisent MM. les Membres de la Chambre de Commerce de Paris, on pillerait impunément chez nous les inventions étrangères dès que les brevets pris par les inventeurs auraient été publiés dans les feuilles spéciales! Les voleurs se retrancheraient derrière le *grand principe* invoqué par la Chambre de commerce, et s'ils étaient poursuivis par l'inventeur, ultérieurement breveté en France, ils ne manqueraient pas de répondre : « Votre invention n'est pas nouvelle. Vous l'avez divulguée par » la prise de votre brevet à l'étranger. Donc, elle est tombée dans le domaine » public. Elle appartient à tous en France, et nous continuons à nous en servir. »

Voilà à quelle conséquence immorale aboutit le grand principe de la Chambre de commerce; les Conférences de 1880 et de 1883 ont assurément bien fait d'y renoncer dans le cas qui nous occupe. Elles ont ainsi répudié le brigandage international auquel se prêtait la loi française de 1844, interprétée par une jurisprudence rigoureuse. La Chambre de commerce de Paris se fait-elle grand honneur à elle-même en regrettant la nouvelle disposition de l'article 4, qui ne supprime qu'une protection, celle du dépouillement des inventeurs contre toute équité?

XII. — C'est surtout au sujet de l'article 5 qu'on a cherché à susciter une grande agitation, comme nous l'avons déjà annoncé au début de ce rapport. Cet article, voté par la Conférence de 1880, inséré dans la Convention de 1883, est ainsi conçu dans son texte définitif :

« Art. 5. — L'introduction par le breveté, dans le pays où le brevet a été délivré, d'objets fabriqués dans l'un ou l'autre des États de l'Union n'entraînera » pas la déchéance.

» Toutefois, le breveté restera soumis à l'obligation d'exploiter son brevet » conformément aux lois du pays où il introduit les objets brevetés. »

---

de modifier l'article 31 de la loi du 5 juillet 1844 pour le mettre en harmonie avec le texte de notre article.

Il fit observer (Bulletin 20 : 15 Août 1883, page 4) que : « la Convention ne déroge pas à » l'art. 31. Elle s'applique au moyen d'une fiction : l'inventeur breveté en pays étranger, et qui » viendra six mois après, se faire breveter en France, en réclamant le bénéfice de la Convention, » échappera à la rigueur de l'article 31, non pas par exception et quoique son invention soit déjà » publique, mais parce qu'il sera réputé avoir pris son brevet français à l'instant même où il » prenait son brevet étranger; la publicité résultant du brevet étranger sera ainsi censée n'avoir » pas précédé la demande du brevet français, lequel, au moyen de cette fiction, sera valable » sans sortir de l'application de l'article 31. »

La gravité du débat engagé par les adversaires de cette disposition, la vivacité avec laquelle ils ont pris à partie les délégués de la France, qui l'ont non seulement votée, mais proposée, et parmi lesquels se trouve le Conseil même de la Chambre de commerce de Paris, si passionnée dans ses attaques, nous font un devoir de placer sous vos yeux tous les éléments de décision, avant de vous demander de vous prononcer très énergiquement en faveur du maintien d'une clause à la fois juste, opportune et en harmonie avec toutes les lois étrangères récentes.

Ce que voudraient les adversaires de l'article 5, c'est le maintien d'une disposition condamnée par le concert unanime des inventeurs, des ingénieurs et des jurisconsultes, et cela pour arriver à obtenir, par un moyen détourné, le résultat que jadis le régime protecteur de la douane pouvait assurer aux fabricants français au triple détriment du *progrès de l'industrie*, qui, n'ayant à lutter contre aucune concurrence extérieure, demeurait routinière et immobile dans l'exercice abusif de son monopole; — *du commerce*, obligé de s'alimenter exclusivement chez les privilégiés qui lui faisaient payer chèrement leur exploitation exclusive, — *des consommateurs*, victimes les plus intéressantes et les plus nombreuses, forcés de prendre, à l'exclusion de tous autres, les produits coûteux et imparfaits d'une industrie nationale stationnaire et arriérée.

Si on les écoutait, les inventeurs (la classe assurément la plus méritante et qui rend au pays les plus signalés services), ceux qui font prospérer l'industrie, lui ouvrant des voies nouvelles et avec un désintéressement souvent trop absolu, seraient dépossédés des légitimes revenus de leurs travaux et de leurs recherches; et quel profit le pays tirerait-il en échange? Les industriels français pourraient conserver intacts leurs vieux outillages, leur antique matériel; l'inventeur serait tenu de passer sous leurs fourches caudines, quand il leur plairait encore de traiter avec lui et lorsqu'ils ne préfèreraient pas, par économie, s'en tenir à leurs anciens procédés et à leurs machines séculaires.

Nous n'exagérons pas, et l'état arriéré dans lequel certaines industries françaises se trouvaient lors des traités de commerce de 1860, les progrès qu'elles ont réalisés depuis sont des exemples trop connus des abus du système de la protection à outrance pour que nous soyons forcés de développer davantage les réflexions que nous venons de faire et qui ne sont que trop justifiées par l'expérience.

Il est seulement nécessaire de constater que la Conférence de 1880 et la Convention de 1883 se sont tenues en dehors de toute discussion économique. Les Commissaires ont bien formellement déclaré, et à maintes reprises, qu'ils n'avaient ni mission ni qualité, pour rien modifier aux régimes douaniers des différents pays représentés. Par conséquent, la Chambre de commerce de Paris, — presque exclusivement composée de fabricants — ainsi que nous l'avons fait remarquer, a toute latitude pour obtenir du Gouvernement et des Chambres, des interdictions d'importation, des droits protecteurs excessifs, et pour se préserver contre la concurrence d'industriels rivaux mieux outillés, plus habiles ou plus instruits, et en tous cas plus hardis. — Mais elle sait bien que le temps de la protection à outrance qu'elle regrette est passé et elle recourt au stratagème imaginé par elle : la suppression de l'article 5; elle ne recule pas, dans un intérêt tout individuel et absolument égoïste, devant une mesure extrême, injurieuse pour le Gouvernement et la France; elle demande bien haut la dénonciation d'une Convention que nous avons provoquée et à laquelle les pays les plus différents, au point de vue des mœurs et de la civilisation, se sont tous associés comme à une œuvre généreuse et bienfaisante à la fois.

XIII. — La Convention de 1883 n'a, comme on l'a vu au début de cette étude, qu'un seul but : la protection internationale de la propriété industrielle, considérée désormais comme conférant un droit légitime et naturel, assimilable à la propriété et appartenant à l'étranger comme au régnicole.

Or, il y avait, dans la loi du 5 juillet 1844, à laquelle nous avons, en 1878, rendu ample justice (1) une disposition surannée, inutile et que l'on a eu raison de qualifier de barbare (2).

Cette disposition était ainsi conçue :

« Art. 32. — Sera déchu de tous ses droits :

» ... 3° Le breveté qui aura introduit en France des objets fabriqués en pays » étranger et semblables à ceux qui sont garantis par son brevet. »

L'exposé des motifs de la loi de 1844 devant la Chambre des Pairs, celui présenté à la Chambre des Députés ne se sont pas fort étendus sur cet article, mais la discussion a été plus approfondie et est fort curieuse à consulter.

Devant la Chambre des Pairs, le Gouvernement disait à l'appui de la déchéance : « La loi ne peut permettre que le brevet ne serve qu'à créer à l'inventeur » un monopole à l'aide duquel il puisse, sans concurrence et au préjudice du » travail national, introduire et débiter en France des produits fabriqués à » l'étranger.

» Ce que la loi accorde à un inventeur, disait le rapporteur. M. le marquis

---

(1) *De la Législation des brevets d'invention et des Modifications à introduire dans la loi du 5 juillet* 1844 — par L. Lyon-Caen, avocat à la cour de Paris et Albert Cahen, ingénieur civil, délégué au Congrès par la Société des anciens élèves des Écoles nationales d'Arts et Métiers. — 1 vol in-8°, Paris, Marchal, Billard, éditeurs, 1878.

(2) Conférence internationale pour la protection de la propriété industrielle — 3° séance, lundi 8 novembre 1880 — (voir la *Propriété industrielle, littéraire et artistique*, 1881, page 21). « M. le président (Bozérian) dit qu'il n'hésite pas à déclarer qu'il considère cette disposition de la » loi française comme *barbare* et, de plus, comme absolument inutile. »

» de Barthélemy, ce n'est pas un monopole commercial, proscrit par notre légis-
» lation générale, mais un monopole industriel : dès lors faut-il que ce monopole
» s'exerce au profit de notre industrie et de nos travailleurs, et par conséquent
» sur le sol français. »

Les débats, à la suite d'un discours de M. de Boissy, menaçaient, tout comme la discussion soulevée actuellement contre la Convention du 20 mars 1883, de s'égarer dans les considération douanières.

Ils furent ramenés sur leur véritable terrain par M. Persil, qui comprit, avec une grande sagacité, ce qu'il y avait d'exorbitant dans cette déchéance, et combien elle était injustifiable en présence de l'obligation déjà imposée à tout breveté d'exploiter, à peine de déchéance aussi, son brevet en France dans les deux ans du jour où il avait été délivré !

Nous croyons utile de remettre sous vos yeux les observations présentées par l'éminent pair de France, et bien oubliées par les partisans actuels de la déchéance.

« J'ai eu quelque peine, disait-il, à comprendre la disposition que l'on vous
» propose de voter; maintenant que je crois l'entendre, je n'hésite pas à en
» demander la suppression.

» Evitons d'abord la confusion que l'on pourrait faire, d'après les explica-
» tions qui nous ont été données, entre deux causes de déchéance :

» Celui qui a obtenu un brevet est obligé de l'exploiter; s'il ne le fait pas, il
» est déchu.

» A côté de cette cause de déchéance, on en propose une autre, qui consiste
» à dire que si le breveté introduit en France des objets fabriqués en pays
» étrangers, et semblables à ceux garantis par son brevet, il sera également
» déchu. Il doit fabriquer en France, c'est reconnu. S'il ne le faisait pas, il serait
» déchu. Mais en même temps qu'il fabrique en France, il veut y introduire des
» marchandises semblables aux siennes, fabriquées à l'étranger. Pourquoi le
» lui interdire ? Parce qu'il est breveté ? Ne jouit-il donc plus du droit commun.
» Son voisin pourra importer ces marchandises.

» (Non! Non!)

» Non ; si vous parliez de marchandises prohibées, je vous comprendrais ;
» mais ce sont des marchandises que tout le monde peut faire entrer, pourquoi,
» lui, ne jouirait-il pas de ce droit. J'avoue que je ne comprends pas... »

M. Persil avait donc fort bien compris que l'industrie nationale tirait un suffisant profit de l'exploitation du brevet en France, et que la déchéance résultant du défaut d'exploitation protégeait assez efficacement le travail français, sans qu'il fût nécessaire d'entraver davantage la liberté de l'inventeur.

Malheureusement, les idées n'étaient point encore mûres pour une protection internationale de la propriété industrielle ; la voix de M. Persil fut isolée et ne prévalut pas. La disposition fut votée par la Chambre des Pairs, puis présentée à la

Chambre des Députés. Le rapporteur oublia la sage remarque faite au Sénat sur le cumul des deux déchéances, et M. Philippe Dupin répéta que « la protection de » la loi française ne peut être continuée quand, au lieu d'en faire profiter le » travail national, le breveté en reporte les profits aux travailleurs étrangers. » L'article passa.

Mais il suffit de tenir compte de la différence des temps et des progrès des relations entre les nations, surtout du principe proclamé si souvent aujourd'hui par les lois et admis par la grande majorité des jurisconsultes : « que la propriété industrielle est de droit naturel et simplement réglementée par la législation positive ; et on demeure convaincu que, comme le principe de la réciprocité, la déchéance pour introduction en France d'objets brevetés à l'étranger est une monstruosité législative irrévocablement condamnée (1).

XIV. — Cette déchéance ne comportait qu'une exception en 1844. Un paragraphe additionnel portait : « Sont exceptés des dispositions du précédent para- » graphe les modèles de machines dont le Ministre de l'agriculture et du com- » merce pourra autoriser l'introduction, dans le cas prévu par l'article 29. » L'article 29 est celui qui autorise l'inventeur déjà breveté à l'étranger à prendre un brevet en France, et on conçoit que cette faculté aurait pu, en certains cas, devenir illusoire si le demandeur de brevet n'avait pu, sans s'exposer à la déchéance, introduire le modèle souvent indispensable pour servir de type à la fabrication française.

Une loi du 20 mai 1856 ajouta une deuxième exception et conféra au Ministre

---

(1) Le législateur de 1844 ne se méprenait pas sur le sort réservé dans l'avenir à certaines dispositions de son œuvre. Il était obligé de sacrifier à l'esprit et aux principes alors accrédités. Les dispositions des articles 28 et 29 du projet, conférant aux étrangers résidant en France le droit d'obtenir des brevets et permettant à l'étranger qui a obtenu un brevet dans son pays, d'en obtenir un en France lorsque la *réciprocité* est accordée aux Français par les lois de son pays, étaient déjà considérées comme une notable amélioration. Le rapporteur à la Chambre des pairs annonçait déjà qu'on irait plus loin dans la voie de l'assimilation des étrangers aux Français : « Nous croyons disait-il, qu'un moment viendra où le Gouvernement vous proposera d'élargir la » mesure qui se trouve dans l'article 30, d'effacer le principe de réciprocité qu'il y a posé, comme » il l'a été depuis plus de vingt ans de notre Code civil à l'égard du droit d'aubaine ; on vous » demandera un jour de substituer à cette règle de réciprocité, qui ne laissera pas d'offrir des » difficultés dans l'exécution, un principe plus large, plus généreux encore, celui de l'assimila- » tion complète de l'étranger au Français en fait de brevets d'invention.

» Déjà cette assimilation est proposée dans le projet à l'égard de l'étranger résidant en » France. Le pas à faire n'est pas bien considérable quand il s'agit de l'accorder à l'étranger » qui n'y réside pas sans doute, mais que la loi oblige à fonder et à entretenir des établissements » importants sur notre sol ....»

Le rapport ajoute, il est vrai : « et à ne pouvoir vendre en France (sous peine de nullité de » brevet) des objets fabriqués par lui-même ou par ses ayants droit à l'étranger. » Mais il s'inspirait inconsciemment des idées ayant cours alors, et tout à fait désertées à l'heure actuelle.

la faculté d'autoriser l'introduction des objets fabriqués à l'étranger, destinés à des expositions publiques ou à des essais faits avec l'assentiment du Gouvernement.

XV. — Une opinion presque unanime demanda bientôt la suppression même de la déchéance pour introduction d'objets similaires à ceux du brevet et fabriqués à l'étranger : « Suivant l'Exposé des motifs, — dit M. Pouillet, *Traité théo-* » *rique et pratique des brevets d'invention*, 2e édition n° 531, — cette disposition » a pour but de protéger l'industrie nationale contre l'industrie étrangère ; on » peut dire, sans témérité, que le législateur s'est ici montré prévoyant à » l'excès, et que, en définitive, cette disposition fût-elle effacée de la loi, l'in- » dustrie nationale n'en profiterait pas moins du monopole, sous une forme ou » sous une autre, puisque le législateur oblige le breveté, à peine de déchéance, » à exploiter son invention en France, d'une manière continue. »

Telle était la tendance générale lorsque se réunit le Congrès international de 1878, qui, organisé par une Commission très compétente, fit figurer à l'ordre du jour la question de savoir si la cause de déchéance édictée par la loi de 1844 devait être admise (1).

La Chambre syndicale de Saint-Etienne, dans le mémoire qu'elle avait adressé au Congrès, proposait de repousser déjà la déchéance dans le cas où le breveté fabriquerait à la fois dans son pays et dans un pays étranger d'où il tire en partie ses produits, à la seule condition d'exiger l'exploitation du brevet en France.

La discussion s'ouvrit devant le Congrès sur un projet de résolution tendant,

---

(1) Dans notre Mémoire au Congrès déjà cité (page 61, n° XXIII), nous nous exprimons ainsi et nous n'avons rien à retrancher de notre opinion d'alors : « La loi belge de 1854 et la loi nou- » velle de l'empire d'Allemagne n'ont pas accueilli la déchéance prononcée par l'article 32 de la » loi de 1844 contre le breveté qui aura introduit dans le pays de son brevet des objets fabriqués » en pays étrangers et semblables à ceux garantis par ledit brevet.

» Cette cause de déchéance doit également disparaître de la loi française ; elle n'est plus » en harmonie avec l'extension des relations industrielles entre les différents peuples, avec les » échanges de plus en plus nombreux, ni avec l'abandon du système protecteur en matière de » douane. Les lois industrielles, celle de 1844 s'est conformée à ce principe, doivent suivre le » mouvement qui rapproche chaque jour davantage les centres de production des divers pays.

» La déchéance dont nous réclamons la suppression avait son origine dans le même ordre » d'idées et dans le système protectionniste qui semblait alors utile à l'industrie nationale.

» Aujourd'hui, elle ne constitue qu'une entrave sans utilité. Elle n'a qu'un résultat, et ce » résultat est fâcheux. Un étranger, inventeur dans son pays, n'hésiterait pas à prendre un brevet » en France s'il lui était permis d'y introduire de suite ses produits fabriqués avec les moyens » qui sont à sa disposition chez lui. Il tenterait l'essai, et s'il voyait que son invention s'accli- » mate chez nous et y assure des bénéfices suffisants, il créerait bientôt une usine qui lui évi- » terait les frais de transport, les droits de douane, etc. Au lieu de cela, l'inventeur étranger, » obligé de fabriquer de suite en France, hésite et recule devant une dépense aléatoire, et beau- » coup d'établissements considérables qui seraient ainsi créés ne se fondent pas. La loi qui a » voulu protéger le travail national va donc directement contre son but. »

en effet, à la suppression de la déchéance dont il s'agit, et émanant de membres français et de membres étrangers.

Il n'y eut pas d'opposition sérieuse, et cependant l'industrie française était largement représentée. La Chambre de commerce d'alors comptait dans l'assemblée plusieurs de ses dignitaires. M. Poirrier, notamment, prenait une part active aux débats. Il avait même fort appuyé le système des licences obligatoires, sorte d'expropriation partielle et déguisée des brevetés, et qui fut repoussée à une forte majorité.

Un seul membre du Congrès, le regretté M. Pataille, se borna à exprimer la crainte que, avec la disparition de la déchéance et l'obligation d'exploiter en France, les étrangers se bornassent à introduire les objets brevetés en se livrant à un simulacre d'exploitation.

Il n'était pas difficile de répondre à cette objection. Les tribunaux souverains pour apprécier si, en fait, le breveté exploite ou n'exploite pas, ne ménageraient certainement pas l'étranger fraudeur et ne manqueraient pas de prononcer la déchéance dans le cas où l'exploitation serait simulée.

XVI. — La Conférence diplomatique de 1880 ne consacra pas moins de deux séances à l'examen du projet d'article (article 4) qui autorisait le breveté dans un des pays de l'Union à introduire dans les autres Etats les objets de son brevet fabriqués dans l'un d'eux.

Les représentants des nations adhérentes furent unanimes sur le principe lui-même.

On devait s'y attendre. La France seule, en effet, entre les nations industrielles, interdisait l'introduction des objets brevetés fabriqués à l'étranger. Ni l'empire d'Allemagne (loi du 1er juillet 1877), ni l'Angleterre (loi du 1er octobre 1852), ni l'Autriche (loi du 15 août 1852), ni la Belgique (lois des 24 mai 1854 et 27 mai 1857), ni l'Espagne (loi du 30 juillet 1878), ni les Etats-Unis (lois du 23 juillet 1870 et du 22 juin 1874), ni l'Italie (lois du 3 février 1855 et du 29 janvier 1864), ni la Russie (lois du 23 octobre 1840, 23 novembre 1863 et 30 mars 1870), n'avaient édicté cette prohibition (1).

Comment pouvait-on, dans une tentative d'Union avec ces pays, soutenir le maintien d'une clause qui ne se retrouvait nulle part ailleurs que dans une loi remontant à 1844, et s'isoler ainsi quand il s'agissait de conclure une Convention internationale dont l'utilité et les avantages ne sont pas contestables (2).

---

(1) Voir : *Tableau comparatif des lois sur les brevets d'invention en France et dans les neuf pays les plus importants,* par M. Emile Barrault, ingénieur-conseil, 2e édition, 25 septembre 1878.

(2) Cette observation a été faite avec vivacité par M. Demeur, délégué de la Belgique : « Il n'y a, disait-il, que la loi française qui contienne l'interdiction absolue pour le breveté

XVII. — Aussi l'article 4 du projet portait-il :

« Le propriétaire d'un brevet d'invention aura la faculté d'introduire, dans » le pays où le brevet lui aura été délivré, des objets fabriqués dans l'un ou l'autre » des pays contractants, sans que cette introduction puisse être une cause de » déchéance du brevet. »

Cette disposition, dans sa première rédaction, était trop générale peut-être. Elle ne se préoccupait pas des lois nationales, parmi lesquelles un grand nombre imposaient, sous peine de déchéance, l'obligation d'exploiter.

Un amendement de M. Wœrtz, délégué de l'Autriche, ajoutant à l'article ci-dessus reproduit : « pourvu qu'il exerce ladite invention, conformément aux » lois du pays où il introduit les objets brevetés », complétait heureusement le projet et donnait satisfaction aux susceptibilités individuelles des nations représentées.

Ce fut cette raison seule qui fit reculer la Conférence devant l'adoption, sans la réserve proposée par M. Wœrtz (Autriche), de la rédaction primitive de l'article 4. Presque tous les orateurs, M. Reader Lack, pour la Grande-Bretagne, M. Wœrtz lui-même pour l'Autriche, M. Weibel pour la Suisse, M. Indelli pour l'Italie, M. Van der Loeff pour les Pays-Bas, reconnurent les avantages de l'amendement proposé par M. Dupuy au nom de la Belgique, et suivant lequel « le titulaire d'un brevet qui exploite son invention dans l'un des États de l'Union ne » pourra être déclaré déchu de ses droits dans les autres pour défaut d'exploitation. » Ils ne s'y rallièrent pas, mais uniquement parce que les législations intérieures, exigeant l'exploitation dans le pays, devaient être respectées.

» d'introduire des objets fabriqués à l'étranger, similaires à ceux pour lesquels il est breveté en » France. Les autres législations se bornent à exiger que le breveté exploite son invention dans » le pays. Ainsi, d'après la loi belge, le breveté doit exploiter dans le pays, et exploiter veut » dire, d'après la jurisprudence administrative, *fabriquer*.

» .. Si l'on peut comprendre cette disposition au point de vue particulier de chaque État, » on ne peut que la trouver mauvaise lorsque l'on songe à la formation d'une Union. Quant à » lui, il croit que les États qui l'adoptent se trompent et ne font, en somme, que nuire à l'intérêt » de tous. »

M. Demeur allait plus loin encore, et nous croyons qu'il avait raison, quoique la Conférence ne se soit pas rangée à sa proposition :

« Nonobstant la constitution d'une Union, ajoutait-il, il faudra que le breveté exploite son » invention dans les quinze ou vingt États qui en font partie pour conserver ses droits. C'est » inadmissible : car enfin, si le breveté est autorisé à n'avoir qu'un seul siège de fabrication, » il est évident qu'il pourra livrer ses produits à meilleur marché. »

Il nous paraît certain que l'avenir sanctionnera la proposition libérale de M. Demeur. Permettre à l'inventeur de vendre ses produits à meilleur marché, voilà le vrai but d'une législation patriotique, s'occupant des intérêts de la multitude, c'est-à-dire des consommateurs. Il est vrai que les industriels qui, pour les raisons diverses indiquées plus haut, ne veulent point entrer en concurrence, n'y trouvent pas leur compte, mais la prospérité de leurs usines doit-elle passer dans les préoccupations du législateur, avant l'extension du commerce, des relations internationales et le bien-être général?

Seul M. Kern, délégué de la Suisse, où les inventions n'étaient pas protégées et où il n'y avait point de brevets, fit une vive opposition tirée de la crainte qu'avait son pays, entouré d'Etats ayant tous un système douanier, tandis qu'il n'avait lui, que des droits d'entrée très modérés, de voir les inventeurs exploiter ailleurs pour se contenter d'importer dans la Confédération : « Or, jamais, dit-il, » en Suisse, on n'accordera un privilège sans avoir la garantie que ce privilège » profitera au pays. »

Mais à part cette voix unique du représentant d'un petit Etat, où la propriété industrielle était sans protection, aucune opposition sur le principe même.

Enfin le délégué de la Turquie, M. Amassian, et celui de la Russie, M. de Nébolsine, déclarèrent être prêts à voter l'article proposé sans aucune addition, et le premier de ces membres protesta même assez énergiquement contre l'obligation d'exploiter dans tous les pays où les brevets seraient pris : « On a, a-t-il dit, » invoqué l'intérêt de tous les pays et l'amendement de M. le délégué de l'Au- » triche n'a en vue que l'intérêt particulier de chacun d'eux. Il est certain que si » l'inventeur peut fabriquer là où il trouvera le plus avantageux de le faire, il » donnera ses produits à meilleur marché, ce qui sera profitable même au pays » où il n'aura pas exploité, pays qui, par ce fait, perdra peu pour gagner beau- » coup. M. Amassian pense qu'il faut songer aux intérêts des consommateurs et » déclare se rallier à la proposition de M. Dupuy. »

Les raisons que nous avons exposées firent seules échouer cette opinion logique, libérale, pleine de sens. M. Bozérian, président, sans dissimuler son sentiment personnel, très sympathique à l'amendement de M. Dupuy, poussa les représentants des pays et l'Union à voter l'article 5 (ancien article 4) dans sa rédaction actuelle, adoptée par la Conférence de 1880 et maintenue par celle du 20 mars 1883.

Il est ainsi conçu :

« L'introduction par le breveté dans le pays où le brevet a été délivré, » d'objets fabriqués dans l'un ou l'autre des États de l'Union, n'entraînera pas la » déchéance.

» Toutefois le breveté restera soumis à l'obligation d'exploiter son brevet » conformément aux lois du pays où il introduit les objets brevetés. »

Mais en proposant le vote du 2e paragraphe, le Président, exprimant assurément alors la pensée de la Conférence tout entière, disait :

« Il y a des propositions que certains pays ne pourraient accepter. Pourquoi » ceux qui professent des théories généreuses et libérales ne voteraient-ils pas le » minimum auquel tout le monde adhère, en laissant à l'avenir le soin de le déve- » lopper? Il faut chercher moins ce que l'on veut que ce que l'on peut obtenir. »

XVIII. — Comment cet article a-t-il provoqué la vive polémique dont nous avons rapporté les premières phases?

A en croire ses adversaires, il aurait en effet, sans compensation, sacrifié les intérêts de la fabrique française, et le *Petit Journal*, dans l'article ci-dessus cité, et évidemment inspiré par les promoteurs de la campagne dirigée contre la Convention de 1883, ne demande rien moins qu'une enquête sur le rôle des Commissaires français : « Si ces Commissaires ont été des naïfs et des dupes, qu'ils » soient déchus de leurs fonctions actuelles ; s'ils ont sacrifié les intérêts français » par un motif inavouable, disait en terminant M. Thomas Grimm, qu'ils soient » traduits devant une haute cour de justice et punis comme ils le méritent. »

Le côté piquant de l'aventure, c'est que, comme on l'a vu dans l'exposé qui précède, le principal défenseur de l'article 5 à la Conférence de 1880 avait été M. Jeannotte Bozérian, à qui la Chambre de commerce de Paris n'avait pas jusqu'alors retiré sa confiance. Elle s'était même si peu aperçue du coup fatal porté par ce dernier à notre industrie que, depuis cette époque, il avait été son conseil ardent, zélé et assidu.

M. Jules Piault, qui avait avancé dans son rapport cette grave insinuation : « Comment a-t-on pu commettre de si lourdes fautes, *si toutefois* elles ne sont » pas intentionnelles? » dut s'expliquer et reconnaître que « l'intention des » auteurs de cet acte diplomatique ne saurait être entaché de culpabilité. » Il déclare, dans une lettre adressée au *Petit Journal*, avoir voulu seulement dire : « que les conséquences des concessions ne pouvaient avoir complètement échappé » aux auteurs français de la Convention, qui les ont probablement commises en » connaissance de cause, dans le désir de faire une œuvre *internationale.* »

Le président de la Conférence de 1880 a répondu très vivement au *Petit Journal* et au *Journal des Procès en contrefaçon* (1).

---

(1) Nous passons absolument sous silence les personnalités auxquelles on s'est livré dans ce débat passionné. Mais nous ne pouvons nous dispenser de reproduire la défense de M. Bozérian dans le journal *la Revue industrielle* (n° du 23 juillet 1885) :

« Paris, 18 juillet 1885,

» Monsieur le Directeur de la *Revue industrielle*,

» Une violente campagne contre la Convention internationale pour la propriété industrielle, » conclue à Paris, le 20 mars 1883, a été entamée par M. Donzel, avocat à la cour de Paris.

» Cette convention, préparée par le Congrès de la propriété industrielle qui s'est tenu en 1878 » au Trocadéro, lors de l'Exposition, congrès dont M. Donzel faisait partie, est dénoncée à » l'opinion publique comme ayant sacrifié les intérêts français.

» On lui reproche notamment son article 5, qui, contrairement à l'article 32 de la loi du » 5 juillet 1844, décide que l'introduction, par le breveté, dans le pays où le brevet a été délivré, » d'objets fabriqués dans l'un ou l'autre des Etats de l'Union, n'entraînera pas la déchéance » du brevet.

» Si quelqu'un avait mérité ce reproche, ce serait, non pas la Convention, mais le président » de la Conférence internationale qui l'a élaborée, c'est-à-dire votre serviteur.

On voit combien le débat a acquis d'acuité. La question n'est pas nouvelle pour l'Association des Inventeurs et Artistes industriels. Le Comité de législation avait nommé en 1881 une Commission chargée d'examiner les modifications à introduire dans la loi française sur les brevets. M. Beaume, dans un rapport très concis, mais très net et très convaincant (1), conclut à l'abrogation de l'article 32, § 3, de la loi de 1844, et le Comité, *à l'unanimitité*, en vota la suppression.

Les raisons pour lesquelles cette suppression était réclamée ont été très bien rappelées par le rapporteur, M. Beaume, et par M. Huard, lors de la discussion.

Même après le Congrès de 1878, même après la discussion de la Conférence internationale, ces deux documents sont encore utiles à consulter :

Après avoir indiqué sous quel empire d'idées protectrices, était intervenue la loi de 1844, M. Beaume montre en ces termes l'avantage matériel et pratique de l'abolition de la déchéance de l'article 32, § 3 :

« Il est à remarquer, dit-il, en outre, que les inventeurs français, lorsqu'ils

---

» J'estimais, en effet, me plaçant au point de vue de l'intérêt des consommateurs, que » l'article 32 de la loi du 5 juillet 1844, qui n'a pas son pareil dans aucune des lois étrangères » relatives aux brevets, devait disparaître. J'aurais voulu la liberté et le libre échange en matière » de fabrication d'objets brevetés.

» Mais mon opinion n'a pas prévalu devant la Conférence.

» Sur les instances des délégués de l'Autriche et de la Suisse (voir pages 56, 64 et suivantes » des procès-verbaux publiés par l'Imprimerie Nationale), un second paragraphe a été ajouté à » l'article 5 de la Convention : ce paragraphe, qui a sans doute échappé à M. Donzel, est ainsi » conçu :

» Toutefois le breveté restera soumis à l'obligation d'exploiter son brevet conformément » aux lois du pays où il introduit les objets brevetés. »

» Maintenant, que faut-il entendre par ce mot exploiter? S'agit-il seulement de la vente? » Ne s'agit-il pas aussi de la fabrication? Ce sont là des questions qui seront résolues conformé- » ment à la jurisprudence adoptée dans chacun des pays de l'Union.

» En France, il résulte de divers arrêts, et notamment d'un arrêt rendu par la Cour de » Paris, le 23 mars 1870 (Aff. Wilcox contre Aubineau et consorts), que lorsqu'un brevet a été » pris pour un objet fabriqué, l'exploitation, dans le sens légal du mot, consiste non seulement » dans le fait de la vente, mais dans le fait de la fabrication.

» Cette jurisprudence n'est point touchée par la Convention de 1883 ; elle continuera à » pouvoir être appliquée. Ce qui seulement, d'après cette Convention, n'entraînera pas la » déchéance, ce sera des faits d'introduction, lorsqu'il existera en France un centre de fabrica- » tion suffisant pour que satisfaction soit donnée aux exigences de la loi de 1844.

» Il y aura d'ailleurs là une question de mesure qui sera appréciée par les tribunaux sui- » vant les circonstances.

» J'ai pensé, Monsieur, qu'il serait bon de porter ces explications à la connaissance des » intéressés ; c'est ce qui m'a déterminé à vous adresser la présente.

» Veuillez agréer, etc.

» Signé : J. Bozérian,
» *Sénateur, président de la Conférence internationale*
» *pour la protection de la propriété industrielle.* »

(1) *Bulletin de l'Association*, 1re année, n° 2, 1er février 1881.

» sont en possession d'un procédé nouveau, réellement utile et pratique, ne bor-
» nent pas leur exploitation à la France, ils prennent des brevets à l'étranger ;
» ils y fondent des ateliers, des usines pour exploiter leur invention, et ils trou-
» vent, dans ces pays étrangers, une nouvelle source de débouchés et de bénéfices,
» dont le capital réalisé revient en France pour la plus grande partie. Or, n'est-
» ce pas entraver l'industrie du breveté français que de lui interdire la faculté de
» faire venir en France les produits qu'il a fabriqués dans les usines étrangères,
» si ses ateliers en France ont subi un chômage par suite d'accident imprévu,
» d'incendie, de grève d'ouvriers, ou tout autre sinistre, s'il manque en France
» de ces mêmes produits, alors qu'il en aurait la vente sur le sol français ? »

Rien de plus juste que ce point de vue trop négligé de la question, et cependant si décisif.

L'introduction des objets brevetés fabriqués hors de France ne frappe pas seulement l'étranger qui a obtenu un brevet chez nous. Les inventeurs français qui se font breveter à l'étranger sont nombreux, et ce sont eux qui sont souvent le plus durement frappés par l'interdiction d'importer.

XX. — Il reste à signaler une observation également fort judicieuse de M. Huard. Les objets brevetés fabriqués à l'étranger sont ou peuvent être soumis à des droits de douane à l'importation. N'y a-t-il pas là une protection suffisante pour notre industrie ? Le breveté n'a-t-il pas, par suite, un intérêt à fabriquer en France pour éviter les droits d'entrée, sans qu'on le frappe encore d'une déchéance exceptionnelle et contraire à la liberté industrielle comme à celle des échanges.

Pour en être réduit à solliciter le cumul de toutes ces dispositions protectrices si rigoureuses, il faudrait, comme le fait remarquer finement le journal *la Propriété industrielle*, que notre industrie nationale fût bien malade et dans une situation bien inférieure à celle de toutes les autres nations dont les législations, comme il a été dit, n'ont pas admis l'interdiction d'importer, à peine de déchéance du brevet, des objets brevetés fabriqués à l'étranger.

XXI. — Nous avons trop l'expérience des procédés employés par les intéressés quand il s'agit de réclamer la protection de leurs usines pour être surpris que les Chambres de commerce de Paris, de Valenciennes et de Lille n'aient pas reculé devant la nécessité de tracer le plus sombre tableau de l'état de l'industrie française dans le seul but d'obtenir le rétablissement de l'article 32, § 3. Le traité de Francfort et M. de Bismarck jouent un grand rôle dans les moyens employés pour effrayer le gouvernement sur la portée et les effets de l'article 5.

Mais l'Allemagne n'a pas, faut-il le répéter, adhéré à la Convention. Par suite, l'article 32, § 3, est encore plein de vigueur vis-à-vis d'elle. Les Allemands ne peuvent importer en France des objets semblables à ceux qu'ils ont fait breveter chez nous ! Dès lors, ce ne sont pas eux qui causent, de par l'article 5 de la Convention internationale, la prétendue ruine de l'industrie française, qui a bel et bien tenu le premier rang à l'Exposition universelle d'Anvers.

La crise actuelle de l'industrie a des causes multiples, toutes étrangères à la Convention de 1883, à laquelle elle est antérieure. Elle est générale et due en premier lieu à une production exagérée sans débouchés nouveaux que les grands Etats cherchent à trouver et qui motivent le mouvement colonial de l'Allemagne comme de la France. Chez nous, un des obstacles à la concurrence avec l'étranger sur les marchés internationaux, consiste dans la cherté de la main-d'œuvre. Telle est la vérité.

XXII. — Devons-nous, pour combattre cette crise, — passagère, nous en sommes convaincus,— prendre le parti si grave, si peu digne de notre pays, de dénoncer seuls une Convention conclue sur notre initiative, et dans une disposition introduite à notre demande, parce qu'elle constituait la renonciation la plus légitime, et ajoutons la plus indispensable, à une déchéance qui faisait tache dans notre législation, et dans notre législation seule.

XXIII. — M. Donzel lui-même (*Journal des Procès en contrefaçon*, 2e année n° 28, 31 août 1885) est forcé de reconnaître que l'article 32, § 3, est en théorie peu défendable : « Certainement, en théorie pure, l'article 32 de la loi de 1844 » pourrait être supprimé, » seulement il trouve que « le moment où notre industrie souffre, où le chômage, la misère prennent des proportions inquiétantes, » où les députés eux-mêmes, qui ont voté les tarifs insuffisants de 1879 (applicables hélas ! pendant dix ans) commencent à reconnaître que le territoire ne » sera vraiment et complètement libéré que le jour où nous aurons reconquis » notre indépendance économique vis-à-vis de M. de Bismarck, qui voudrait nous » acculer, au moyen de la clause de la nation la plus favorisée, à un Sedan industriel. »

Sans revenir sur ce que nous avons dit relativement à l'introduction dans le débat de l'Allemagne et de M. de Bismarck, qui n'ont rien à faire avec notre Convention, puisqu'ils n'y ont point participé, ni sur les couleurs assombries de notre situation industrielle, on peut se demander si les considérations mises en avant ici ne sont point un hors-d'œuvre, quand il s'agit de la protection de la propriété industrielle, absolument étrangère aux questions de douane comme au traité de Francfort, qui a stipulé au profit de l'Allemagne des avantages sur lesquels il ne nous est guère possible de revenir actuellement, mais que la Convention n'a aucunement aggravés.

XXIV. — Devons-nous, même à un point de vue assurément aussi digne d'être pris en considération que celui de l'intérêt personnel des fabricants, fouler aux pieds les intérêts du commerce et des consommateurs, et accorder à nos industriels un monopole ruineux pour le pays? Nous ne le pensons pas, et nous avons déjà montré à quelles conséquences funestes pour l'industrie elle-même conduisait le système de protection à outrance. Ce serait vouloir laisser la France se traîner dans les ornières de la routine la plus arriérée jusqu'au jour où les nations voisines nous auraient à tel point devancés dans la voie du progrès que les efforts, même les plus considérables, ne nous permettraient plus de les rejoindre.

XXV. — Encore si l'article 32, § 3, était la panacée de la protection? si l'article 5 de la Convention internationale avait dépouillé impitoyablement l'industrie, comme le prétendent ses adversaires, nous comprendrions l'ardeur de la campagne entreprise pour amener le Gouvernement à désavouer ses Commissaires et à se retirer de l'œuvre internationale qu'il a provoquée.

Mais ni l'une ni l'autre de ces assertions n'est exacte.

Rien n'est plus facile à tourner que la disposition de l'article 32, § 3. La déchéance qu'il édicte est une peine pour le breveté qui, pour l'encourir, doit avoir, soit personnellement, soit par un représentant, perpétré l'introduction. L'introduction par un tiers ne donne pas ouverture à la déchéance du breveté, à moins qu'il ne soit établi que ce dernier s'entendait avec l'introducteur pour faire fabriquer à l'étranger, puis importer en France.

Le breveté n'avait qu'à recourir à un subterfuge pour tourner la loi. Il suffisait d'un concert avec un étranger, et comment, dans la plupart des cas, établissait-on que le breveté a participé à l'introduction ou l'a facilitée?

Enfin, si la déchéance de l'article 32, § 3, n'a jamais efficacement protégé le monopole de nos industriels, en matière de fabrication d'objets brevetés, sa suppression, par l'article 5 de la Convention, maintient une autre garantie très suffisante : l'obligation d'exploiter le brevet en France. Si la disparition de l'article 32, § 3, a pour conséquence, ce qui est incontestable, de provoquer un beaucoup plus grand nombre d'étrangers à prendre des brevets dans notre pays, est-ce que l'industrie française n'en profitera pas?

Nous partageons pleinement l'avis de M. Bozérian. Nous croyons que l'idéal, et aussi la solution pratique, serait même de ne point obliger l'inventeur à exploiter ses brevets dans tous les pays où il en a pris, ce qui est une entrave abusive et ruineuse pour lui, en même temps qu'une cause d'élévation de prix, nuisible aux commerçants et aux consommateurs, si l'invention est d'une utilité reconnue.

Nous pensons qu'il viendra fatalement un temps où le vrai principe, celui de l'obligation d'exploiter là où voudra le faire le breveté, et dans un seul pays, si bon lui semble, prévaudra sur toutes les restrictions injustifiables en équité et même en économie politique. Mais, en attendant, l'obligation d'exploiter en France devrait suffire à calmer les craintes des adversaires de la Convention. A une condition toutefois, c'est qu'un semblant d'exploitation ne soit pas tenu pour une exploitation réelle, et que la fabrication des objets brevetés sur notre sol soit sérieuse et en rapport avec l'importance de l'invention. C'est à nos tribunaux à établir une jurisprudence plus sévère que celle aujourd'hui admise.

Il faut bien reconnaître, en effet, que l'obligation d'exploiter le brevet en France, ne se borne pas au fait de faire figurer sa machine dans une exposition publique et d'en avoir vendu une semblable, ce qui suffit, d'après certains arrêts, pour satisfaire au vœu de la loi. (Paris, 11 mai 1836 et Req. 13 juin 1837. S. V. 38, t. 53). (1)

XXVI. — Cette concession faite, et elle est facile à réaliser, puisqu'il s'agit de l'application de la loi dans une disposition qui permet aux juges de se montrer rigoureux ou indulgents, nous ne trouvons plus le moindre motif plausible au cri d'alarme poussé par les Chambres de commerce de Paris, de Valenciennes et de Lille.

Dire, comme elles le font, qu'on a, *sans compensation aucune*, abandonné la cause de l'industrie nationale, est une impardonnable injustice commise envers la Convention. Nous avons vu, sous l'article 4, comment déjà nos nationaux pouvaient, grâce à l'Union internationale, prendre valablement des brevets à l'étranger, après avoir obtenu un brevet en France, sans se voir opposer la publicité antérieure, résultant de la publication de leur invention. Nous avons dit que les Chambres de commerce elles-mêmes reconnaissaient le progrès réalisé, en ce qui les touche le plus particulièrement : la protection des marques, des noms commerciaux et ceux des lieux de fabrique. Ne sont-ce pas là des avantages qui échapperaient à la France si elle dénonçait la Convention de 1883 ? Cette Convention elle-même n'était réalisable qu'à la condition que nous renoncions à une déchéance unique dans les législations contemporaines. A qui fera-t-on croire que les autres pays consentiraient à adopter un terrain commun d'unification, si nous avions maintenu une exception nationale toute nuisible aux inventeurs et aux industriels étrangers. Mais surtout, comment la Chambre de commerce pourrait-elle supposer que les nations étrangères, nous voyant dénoncer les

(1) On trouvera encore dans le *Répertoire de législation et de jurisprudence*, 2e édition, par MM. Adrien Huard et Michel Pelletier, de nombreux exemples de la facilité avec laquelle les tribunaux considèrent comme une exploitation suffisante un fait isolé de fabrication ou même celui de s'être *mis en mesure* de vendre !

articles 3, 4 et 5, consentiraient à maintenir le surplus des dispositions du traité dans lequel tout se lie et s'enchaîne ?

XXVII. — Il fallait bien que les Chambres de commerce essayassent de montrer le préjudice causé à notre industrie par la Convention. Il a fallu citer quelques faits que nous trouvons dans le rapport de M. Piault.

Le premier est celui-ci : la Suisse, la Serbie et les Pays-Bas ont adhéré à l'Union. Or, elles n'ont pas, à l'heure actuelle, encore de lois sur les brevets d'invention. Nos nationaux ne sont donc pas protégés dans ces trois pays, tandis que « nous sommes contraints d'accorder aux sujets hollandais et helvétiques, en » matière de propriété industrielle, non seulement l'usage de nos lois, mais » même certains privilèges dérogeant à ces lois. » (Lettre écrite au Ministre du commerce par la Chambre de commerce de Valenciennes).

En ce qui concerne le droit pour les étrangers au bénéfice des lois françaises pour la protection de la propriété industrielle, alors même que nos nationaux seraient privés du même avantage dans les pays auxquels ils appartiennent, il faut vraiment que les Chambres de commerce opposantes ne se souviennent plus de l'article 27 de la loi du 5 juillet 1844, dont elles revendiquent cependant les dispositions tutélaires, pour faire un grief à la Convention de 1883, d'avoir assimilé les étrangers aux Français, en ce qui concerne les brevets d'invention. C'est l'article 27 de cette loi qui fait cette assimilation et permet, *sans condition de réciprocité*, aux étrangers de prendre des brevets en France.

Qu'il en souvienne aux Chambres de Paris, Lille et Valenciennes, qui devraient peut-être relire une belle page du rapport de M. Philippe Dupin (1). Même sous l'empire des idées protectrices et douanières de 1844, dans un parlement acquis au système prohibitif, les esprits les plus distingués avaient bel et bien renoncé, nous l'avons dit, au principe de la réciprocité. Ce principe avait déjà fait son temps ! Jusqu'où voudraient cependant nous faire rétrograder MM. Donzel, Piault et leurs amis ?

XXVIII. — L'objection tirée de ce que l'Union est contractée avec des pays

---

(1) *Répertoire de législation et de jurisprudence*, Huard, 1re édition 1863, page 248.

« La France, disait M. Philippe Dupin, s'est toujours montrée hospitalière et généreuse en» vers les autres nations. La première, elle a aboli le droit d'aubaine et admis les étrangers à » jouir du bienfait de ses lois.

» A plus forte raison devait-elle ouvrir ses portes à celui qui vient lui apporter un tribut » de découvertes nouvelles. Il était digne d'elle de donner l'exemple du respect pour le droit des » inventeurs, sans distinction de nationalité, et d'élever la garantie pour les œuvres du génie in» dustriel, à la hauteur d'un principe de droit public international.

» L'exercice du commerce et de l'industrie, en effet, n'appartient-il pas essentiellement au » droit des gens. »

n'ayant pas encore de lois consacrant la propriété industrielle, est encore plus singulière !

Ce sont justement les Etats qui n'ont point encore de lois protectrices qu'il était utile d'amener dans l'Union ! Ne voient-elles pas, ces Chambres de commerce hostiles à la Convention, que les Pays-Bas et la Serbie, en reconnaissant l'utilité d'une protection, en proclamant que leurs sujets, à l'étranger, seront protégés comme les nationaux, sont forcément tenues de faire, à bref délai, des lois en harmonie avec les principes de la Convention d'union ? N'en est-il pas ainsi de la Suisse, dont le Conseil fédéral a déjà, à l'unanimité, adopté un projet de loi en ce sens, et peut-on admettre que le pays dans lequel siège, à Berne, le Bureau international et où se publie la feuille officielle de l'Union de la propriété industrielle, puisse laisser dépouiller chez elle les brevetés dont elle publie les titres ? Déjà les Pays-Bas ont été dotés d'une loi protectrice des marques de fabrique.

Il y a eu, de la part des membres de la Conférence, autant d'habileté que d'intelligence à accueillir avec empressement les Etats les plus retardataires. Les principes de justice et les pratiques de probité se propagent, dans les relations internationales des gouvernements comme dans celles des individus, par le contact ; et les susceptibilités nationales, éveillées par les débats de l'Union, porteront des fruits sûrs, dont les procédés d'élimination, préconisés par les partisans de la dénonciation, nous priveraient certainement.

XXIX. — « Mais voyez cette anomalie, dit naïvement M. Piault, l'article 12 » impose à ces mêmes nations qui n'ont pas de lois sur les brevets d'établir chez » elles un service spécial de la propriété industrielle et un dépôt central pour la » communication au public des brevets d'invention, des dessins ou modèles » industriels et des marques de fabrique ou de commerce. »

Comment l'honorable rapporteur, et, après lui, sa Chambre, qui a converti en délibération son rapport, n'ont-ils pas vu que ce qu'ils critiquaient était précisément le commencement d'exécution de la Convention d'union pour ces Etats? Obligés à établir un dépôt dont le but est d'assurer l'exercice des droits de propriété et un service qui ne peut avoir d'existence que s'ils sont dotés d'une législation sur les brevets, les marques et les dessins, les pays représentés par les Commissaires prenaient l'engagement implicite de faire voter chez eux des lois efficaces.

XXX. — C'est le petit côté de la question qui a frappé M. Donzel, puis la Chambre de commerce de Paris, lesquels allant, suivant l'expression du *Petit Journal*, au fond des choses, y ont découvert et nous en ont rapporté quelques exemples peu convaincants, soit parce qu'ils ne font que constater un fait matériel sans en montrer les causes, soit parce que, se plaçant au point de vue de la fabrication de certains objets spéciaux, ils ne tiennent aucun compte ni des avantages que d'autres industries tireront de la Convention, ni des profits du commercequi, se procurant des produits à des prix moindres, en écoulera plus, ni enfin des intérêts des consommateurs.

Et cependant, la Chambre de commerce de Paris, la seule qui ait cité des faits à l'appui de ses conclusions, en a été réduite à n'invoquer prudemment que deux exemples :

« 1° Celui des sujets américains, qui étaient obligés, jusqu'au 6 juil-
» let 1884, de faire construire leurs machines à coudre et agricoles en France,
» et qui, maintenant, vont pouvoir les faire fabriquer en Amérique et en inonder
» la France, tandis que nos constructeurs français, arrêtés par les droits presque
» prohibitifs qui règnent aux Etats-Unis, ne peuvent y importer leurs produits
» fabriqués en France et se voient forcés de les faire fabriquer en Amérique. »

Ce premier exemple est-il topique? Si les tarifs douaniers ne sont pas, pour les machines visées, en harmonie entre la France et l'Amérique, et si nous devons être envahis par les produits américains, qu'on revise les tarifs, qu'on fasse des traités de commerce nouveaux, qu'on frappe de droits élevés, si l'on veut, les machines américaines brevetées, à la condition, toutefois, que notre agriculture, notre commerce n'en souffrent pas, au profit exclusif de nos constructeurs. Mais cela n'a rien à faire avec la Convention de 1883, dont l'objet unique est de protéger les inventeurs. M. Donzel l'a loyalement reconnu dans son article du 31 août 1885 (*Journal des Procès en contrefaçon*, 2e année, n° 28), où il reproche à ses adversaires de mêler à la discussion des arguments économiques : « Quel rapport,
» dit-il très bien, le libre échange et la protection ont-ils avec cette question, et
» par quel singulier sophisme cherche-t-on à l'embrouiller? » Que la Chambre de commerce de Paris prenne pour elle cette admonestation.

Les Etats-Unis ne sont pas signataires de la Convention, car, en la signant, ils auraient *restreint*, en ce cas, leur manière usuelle de faire. Ils sont beaucoup plus larges que nous: ils donnent aux étrangers plus de deux ans de délai pour prendre les brevets, pas d'obligation d'exploiter du tout dans le pays, mais... *forts droits de douane.*

Faisons-en autant.

« 2° Le deuxième exemple est tiré des inventeurs suisses brevetés en France
» pour des articles d'horlogerie, qui n'étant plus obligés de faire fabriquer à
» Besançon ou dans le Jura, les pièces brevetées destinées à être vendues en
» France, les feront exécuter en Suisse et les introduiront en France sans être
» déchus de leur monopole. »

Ici, c'est tout simplement la question par la question. La Chambre de commerce prend la Convention et explique tout bonnement à Monsieur le Ministre ce qu'elle autorise et ce qui était autrefois défendu.

Mais c'est sur une conséquence de ce genre que la discussion peut être fort prolongée et sans résultat certain, car ici éclate le conflit, non seulement entre le fabricant et le commerçant, mais entre deux fabricants, assurément aussi intéressants tous deux. Il est certain que les fabricants français de *pièces* d'horlogerie brevetées vont souffrir de la Convention, si l'assertion de la Chambre de commerce est exacte. Mais les horlogers? Mais ceux qui achètent les pièces séparées pour en faire une montre, une pendule, s'ils paient moins cher au fabricant suisse, les pièces entrant dans le mécanisme complet, se plaindront-ils de ne plus être tenus de se fournir exclusivement chez les fabricants de France?

Les Chambres de commerce font tout simplement la guerre à l'importation tout entière au profit de leurs ateliers.

Le remède, enfin, est-il dans la dénonciation de la Convention?

Non!

Que les fabricants français se mettent en mesure de fabriquer à aussi bon compte que les étrangers; qu'on fasse que les étrangers brevetés en France aient intérêt à fabriquer en France (transport, douane, etc., compris), que nos industriels perfectionnent sans cesse leur outillage, qu'ils abandonnent la routine qui les pétrifie, qu'ils instruisent techniquement leurs fils et neveux, qu'ils ne craignent pas d'immobiliser leurs capitaux dans l'achat d'outils de production rapide et économique, voilà la vraie manière de défier l'importation des articles fabriqués!

Et encore nous n'avons pas tenu compte du goût particulier, de l'art même que savent toujours mettre dans tout ce qu'ils font, nos fabricants.

XXXI.— L'importation de certaines matières fabriquées et brevetées devant servir à l'industrie produira au contraire, les plus grands résultats. Pour citer à notre tour un exemple tout pratique, voyons ce qui se passait et ce qui va se produire pour les couleurs dérivées de la houille. Cette fabrication est des plus répandues et des plus prospères à l'étranger. La plupart de ces couleurs sont l'objet de brevets. En France, elles sont difficilement exploitables par d'autres que par un fort petit nombre d'industriels, investis d'un monopole de fait. Voici comment : les usines servant à cette fabrication sont rangées parmi les ateliers insalubres soumis à l'autorisation administrative. Toutes les fois qu'il s'agit d'en créer et surtout lorsque ce sont des étrangers qui en forment la demande, nos fabricants en exercice suscitent des oppositions, effrayant les populations intéressées, les menaçant au besoin d'empoisonnements à bref délai, et cela dans le but que poursuivent actuellement M. Piault et consorts, nous voulons dire à leur profit personnel. Il en résulte que cette industrie — entre autres — ne se développe pas chez nous comme ailleurs, car les industriels dont nous parlons, gens puissants à cause même de la concentration de la fabrication de ces produits entre leur mains, jouissent d'une grande influence.

L'autorisation d'ouvrir de grandes usines est souvent refusée à leurs concurrents pour cause d'incommodité. L'industrie de la teinture est donc leur tributaire. Grâce à l'article 5 de la Convention de 1883, il n'en est plus ainsi. Il suffira que les étrangers appartenant à un des Etats de l'Union exploitent en France pour échapper à la déchéance : leurs ateliers pourront être situés là où ils auront le moins à redouter les oppositions systématiques et provoquées. Mais ils pourront alimenter le marché français de leurs produits fabriqués au dehors en concurrence avec nos fabricants, et assurément les teinturiers et les consommateurs y gagneront, car, sans doute, nos usiniers français feront de grands efforts, partant de grands progrès, et la liberté de transactions amènera une baisse sur les matières tinctoriales.

XXXII. — Nous pensons avoir établi de la manière la plus complète, trop longuement peut-être, mais le danger d'une dénonciation de la Convention de 1883 excusera les développements donnés à notre argumentation, l'inanité des griefs soulevés par M. Donzel et les quelques Chambres de commerce qui se sont enrôlées sous son drapeau. Le Gouvernement français se laissera-il émouvoir par ces clameurs bruyantes? Nous n'y pouvons croire un instant, car elles ne trouvent d'écho que dans un petit milieu intéressé, nous ne voulons pas dire égoïste, où, d'un cœur par trop léger, on voudrait qu'on sacrifiât à l'accroissement des affaires de quelques-uns des principes internationaux, proclamés par toutes les nations comme l'expression de la vérité, de la justice et de la probité. La France qui a provoqué la convocation d'une Conférence et la formation d'une Union ne reniera pas son œuvre tant que d'autres raisons que celles données par M. Donzel et la Chambre de commerce de Paris ne seront pas produites et la Convention de 1883 sera maintenue!

Elle sera maintenue, ce qui ne signifie pas qu'elle soit actuellement parfaite. Dans la pensée des contractants elle ne réalise qu'un minimum d'unification. Elle renferme de nombreuses lacunes, et c'est pour les combler que l'article 14 a disposé qu'elle serait soumise à des revisions périodiques, en vue d'y introduire les améliorations de nature à perfectionner le système de l'Union. La Chambre de commerce de Paris a eu raison de signaler, par exemple, la contradiction regrettable existant entre les législations des pays de l'Union, dont les uns admettent l'examen préalable et les autres délivrent les brevets à tout impétrant, à ses risques et périls. A l'heure actuelle, nous croyons qu'il serait encore impossible d'arriver à une entente, mais il est probable que, peu à peu, les lois nationales, se rangeant au système le plus favorable à la prise des brevets et à l'irresponsabilité gouvernementale, faciliteront la réalisation d'une entente sur ce point capital.

Mais de ce que la Convention de 1883 n'a pas encore atteint le but qu'elle se proposait, de ce qu'elle n'est que perfectible, en résulte-t-il que son œuvre, toute

3

rudimentaire qu'elle soit, ne constitue pas un progrès et qu'il faille l'abandonner par le scandale d'une dénonciation faite dans une pensée de protection limitée à quelques rares industriels trop ardents, voilà ce que nul esprit sérieux et impartial n'admettra.

§ III

XXXIII. — Le deuxième objet de ce Mémoire est l'étude des modifications urgentes à apporter à la loi du 5 juillet 1844, et des améliorations ou des réformes nécessaires dans les pratiques administratives en matière de brevets d'invention. Le moment est des plus opportuns pour une pareille discussion, car la connexité entre la Convention internationale et notre législation française est manifeste, et lorsque l'attention du Gouvernement est attirée sur la protection des inventeurs, lorsque le Ministre sollicite l'avis des Chambres de commerce sur le traité d'Union, il est tout indiqué que les projets si souvent produits de remaniements de la loi de 1844, et les demandes de réformes dans les errements de l'administration, soient renouvelés et confirmés avec énergie.

Nous pouvons être brefs, car ces modifications et ces réformes signalées, tant dans le Mémoire que nous avons publié en 1878 et produit au Congrès de cette même année, que dans un certain nombre de communications faites par divers de nos collègues, et en outre dans deux notes adressées par l'Association des Inventeurs et Artistes industriels à la Commission parlementaire chargée d'examiner le projet de loi portant de quinze à vingt ans la durée des brevets d'invention.

XXXIV. — L'Association des Inventeurs (Bulletin n° 20, 15 août 1883), a vivement appuyé la proposition de loi émanée de M. Bellot et de plusieurs de ses collègues tendant à porter de quinze à vingt ans la durée des brevets d'invention, comme au Congrès de 1878 on en avait déjà exprimé le vœu :

« Ainsi portée à vingt ans, disait la Note, la durée des brevets assurerait aux » inventeurs une plus complète rémunération de leurs peines et de leurs » dépenses ; les premières années qui suivent la prise d'un brevet, sont en effet » le plus souvent employées à faire connaître l'invention, à créer les moyens de » l'exploiter, et ne comportent que des dépenses, tandis que les années où l'ex- » ploitation est connue, appréciée et en pleine exploitation, sont aussi celles où, » par l'expiration de la période de protection, le breveté voit la propriété de son » œuvre lui échapper et enrichir à sa place le domaine public.

» L'augmentation des années de protection sera donc un bienfait pour l'in- » venteur et une véritable amélioration apportée à la loi de 1844. »

Nous sommes pleinement de cet avis. Evidemment, plus le temps de protection accordé au breveté sera long et compensateur de ses travaux et de ses dépenses, et plus les inventeurs seront stimulés à doter le pays du fruit de leurs efforts. Or, la durée de vingt ans est déjà assignée par diverses législations. (Belgique, loi du 24 mai 1854. Espagne, loi du 30 juillet 1878). Enfin la section autrichienne de la Commission permanente de la propriété industrielle avait proposé de fixer la durée des brevets à vingt ans ; la section anglaise avait demandé vingt et un ans, et la section française exprimait le désir de voir porter à dix-sept ans la limite de la protection.

Rien ne justifie cette dernière fixation, si ce n'est le désir d'arriver à une conciliation entre les divers États et à la fixation d'une durée unique.

Une durée unique pour tous les brevets en France, et la suppression de la distinction en brevets de cinq, dix et quinze ans, sans utilité pour l'inventeur et sans profit pour le pays, tel est le vœu que nous formulions dans notre travail de 1878 et que nous ne pouvons que réitérer ici (1).

XXXV. — Une excellente modification à l'article 32, § 1, de la loi du 5 juillet 1844 portant : « le breveté qui n'aura pas acquitté son annuité avant le com- » mencement de chacune des années de la durée de son brevet » sera déchu de tous ses droits — a été demandée par l'Association des Inventeurs.

On sait combien est rigoureuse la déchéance dont nous parlons. Outre qu'elle existe de plein droit et que le juge se contente de la constater, sans pouvoir admettre une excuse (la maladie du breveté, son décès même ne peuvent être considérés comme un cas de force majeure), le breveté ne peut en être relevé même par un paiement postérieur.

---

(1) *De la Législation des brevets*, etc. — *op. cit*, page 5 : « Le législateur de 1844 (art. 4) a » cru devoir conserver la division adoptée par la loi de 1791, qui établissait des brevets de cinq, dix » ou quinze ans ; la raison de cette distinction était tirée, disait-on, de la différence de nature » existant entre les inventions elles-mêmes. Certaines inventions, celles qui sont spéciales aux » modes, par exemple, ne doivent procurer à leur auteur de bénéfices réels que pendant un laps » de temps fort court, tandis qu'il est, au contraire, d'autres inventions dont l'effet est plus » durable. Le raisonnement est exact, mais ne justifie pas la complication à laquelle il aboutit et » qui résulte de trois sortes de brevets, au point de vue de la durée de leur efficacité. Qu'importe » que l'inventeur, qui n'a besoin que d'une protection de cinq années, prenne un brevet et y » renonce ensuite en cessant de payer les droits, si, comme cela existe en France, les droits » consistent en annuités ? L'unification de la durée du brevet avec le droit pour l'inventeur d'y » renoncer avant l'échéance du terme n'offrait donc aucun inconvénient pour le breveté.

» Il y aurait même pour lui, dans cette modification, un avantage bien grand et bien réel. » L'expérience et la statistique montrent que la plupart des brevets sont pris chez nous pour la » durée la plus longue, soit pour quinze ans. Mais, supposons qu'un inventeur ne comptant pas sur » de profits durables à réaliser, et estimant que son invention doit passer rapidement de mode, » n'ait pris qu'un brevet de cinq ans ; l'inventeur s'est trompé dans son calcul ; ce n'est que » péniblement, au bout de deux ou trois ans, qu'il est parvenu à faire connaître et apprécier sa » production du public. Il arrive, à l'expiration de la cinquième année, à la fin de son brevet. Il » ne pourra pas le renouveler car le titre est fatal. Il ne dure que le temps pour lequel il a été » pris. Il faudra une loi pour le prolonger. (Art. 15.) Un semblable danger est évité aux inven- » teurs par l'adoption d'une durée uniforme pour tous les brevets. »

Or cette disposition est presque unique ; quand on consulte les législations étrangères on y trouve une plus grande indulgence pour le breveté qui, par suite d'une circonstance indépendante de sa volonté, n'a pu payer une annuité à son échéance et qui n'a pas entendu laisser tomber son invention dans le domaine public.

La loi allemande du 10 juin 1877 disposait déjà, dans son article 8 :

« En faveur d'un breveté qui prouvera son indigence, le paiement de la taxe » pourra être ajourné pour la première et la seconde année du brevet, jusqu'à la » troisième année ; si le brevet expire à la troisième année, cette taxe pourra » être entièrement remise. »

De nombreuses voix se sont élevées chez nous pour qu'une *disposition* analogue fût prise, et on s'est montré surpris à bon droit que, dans un pays où l'institution de l'Assistance *judiciaire a été, il y a vingt-quatre ans,* accordée aux malheureux obligés de soutenir une instance judiciaire, l'inventeur soit impitoyablement *dépouillé pour un retard d'un jour.*

Aussi au Congrès de 1878, aucune opposition ne fut soulevée à l'adoption d'une *proposition* tendant à accorder à l'inventeur un délai au delà du terme de rigueur pour le paiement des annuités.

Quelques-uns auraient seulement été d'avis que l'Administration adressât une sorte de mise en demeure ou d'avertissement au débiteur. On pensa qu'un délai suffirait, sans imposer au fisc l'obligation de prévenir. Mais le Congrès émit le vœu qu'en outre « et même après l'expiration de ce délai, le breveté pût être » admis à justifier des causes légitimes qui l'ont empêché de payer. »

L'Association des Inventeurs et Artistes industriels a exprimé un vœu analogue, mais sous une forme qui nous paraît plus satisfaisante, sans cependant répondre encore complètement au but que tout le monde veut atteindre.

La rédaction que l'Association recommandait au Gouvernement, en modification de l'article 4 de la loi du 5 juillet 1844, était ainsi *libellée* :

« Sera déchu de tous ses droits le breveté qui, dûment averti un mois avant » l'échéance, par l'Administration compétente, n'aura pas acquitté son annuité » avant le commencement de chacune des années de la durée de son brevet. Un » délai de trois mois sera accordé à celui qui, *avant le commencement de l'année,* » déclare être momentanément dans l'impossibilité de payer. »

Une telle disposition aurait l'avantage de *ne frapper de déchéance* que le breveté dûment averti, et, dès lors, ce dernier ne pourrait s'en prendre qu'à lui-même de *la perte de son brevet. Mais le remède est* il efficace dans toutes les situations? Le breveté malheureux et qui ne peut payer son annuité à l'échéance, *pourra bien souvent, quoique avisé, ne pas être encore en mesure* à l'expiration du délai de grâce de trois mois. Enfin, le breveté qui ne peut même payer la première annuité, demeure privé de toute possibilité de prendre un brevet ; son invention, s'il ne la cache précieusement, tombera dans le domaine public, ou bien l'industrie en sera privée s'il la conserve secrète pour ne pas en perdre le profit.

XXXVI. — Cette lacune serait, sauf sur un point, comblée par le projet (Voir Bulletin n° 31, 20 janvier 1885), de M. Sauvel, qui repose sur une véritable « *Assistance industrielle* » absolument inspirée de *l'Assistance judiciaire.*

La proposition est conçue en ces termes :

« Un délai de trois mois sera accordé de plein droit pour le paiement de cha-
» cune des annuités prévues en l'article 4 de la loi du 5 juillet 1844, à celui qui,
» avant le commencement de l'année, déclarera être momentanément dans l'im-
» possibilité de payer.

» La déchéance inscrite à l'article 32 de la même loi ne frappera pas celui
» qui, avant le commencement de l'année aura déposé au bureau du receveur :
» 1° un extrait du rôle des contributions constatant qu'il paie moins de six francs,
» ou un certificat du percepteur de sa commune portant qu'il n'est point imposé;
» 2° un certificat d'indigence délivré par le maire de la commune.

» Le bénéfice de cette disposition ne pourra être invoqué par un breveté
» plus de deux années de suite.

» Les dispositions qui précèdent sont applicables dans les colonies. »

Nous n'avons rien à reprendre à cet excellent projet, et nous nous contenterions de le reproduire en l'approuvant, si M. Sauvel, dans ses explications, avait été plus catégorique et n'eût été entraîné par une assimilation trop complète entre l'assistance accordée à l'industriel et l'Assistance judiciaire.

Nous nous permettrons deux critiques :

Ce n'est d'abord pas seulement la dispense de payer une annuité échue qui doit être accordée à l'inventeur malheureux, c'est celle de verser la somme de 100 francs fixée par l'article 7 de la loi du 5 juillet 1844 et dont le paiement doit être effectué préalablement au dépôt de la demande de brevet. Autrement l'inventeur pauvre demeurerait bel et bien dénué de toute possibilité de prendre un brevet, comme actuellement du reste.

En second lieu, pour réaliser l'œuvre de l'Assistance industrielle, M. Sauvel, au lieu de s'en tenir à l'excellente teneur de sa proposition, indique qu'un bureau d'assistance spécial qui serait constitué, examinerait « *le dossier* » et statuerait sur la demande d'exonération.

L'auteur préconise, il est vrai, le second système, celui que nous avons rapporté, et qui supprime à la fois et la nécessité de créer un bureau spécial et la condition d'examen de la valeur de l'invention avant la décision.

Il dit très bien, en parlant de cette dernière condition et en faisant allusion à l'Assistance judiciaire, qui ne s'accorde qu'après vérification et appréciation superficielles de la prétention du demandeur :

« Cet examen est nécessaire lorsqu'il s'agit d'engager un long procès ; l'est-il » également lorsqu'il s'agit simplement de décharger un contribuable de la néces- » sité de payer, à date fixe, une somme déterminée. *On peut se le demander.* »

Eh bien ! suivant nous, on ne saurait même poser la question, et c'est là notre seule objection, assurément bien accessoire, au Mémoire de notre collègue.

L'examen, par un bureau d'assistance, de la valeur de l'invention, serait une sorte d'examen préalable incompatible avec notre législation et pourrait exercer une influence sur les procès de l'avenir. — Un tel examen constituerait, comme M. Sauvel le reconnaît lui-même, une divulgation, s'il précédait la demande de brevet, et suffirait à faire tomber l'invention dans le domaine public.

Dira-t-on que par la remise de l'annuité à tout inventeur indigent, on préjudiciera au fisc sans enrichir l'Etat d'une invention vraiment digne d'intérêt ?

Cela est possible dans une certaine mesure, mais il suffira d'une invention utile, mise au jour, quand elle serait restée dans les cartons, pour compenser et au delà le grand nombre de taxes remises.

Enfin, il n'y a aucune ressemblance entre l'Assistance judiciaire et ce que nous appelons avec M. Sauvel l'Assistance industrielle.

L'Assistance judiciaire n'est pas seulement une remise de droits fiscaux (timbre et enregistrement des actes). Elle procure encore à celui qui l'obtient le ministère obligatoire de l'avoué, de l'huissier, et même le concours d'un avocat. Or, autoriser un plaideur indigne ou inconséquent à introduire une instance impossible à soutenir, c'eût été forcer les officiers ministériels à prêter leur ministère gratuit en des cas où ils refuseraient sûrement leurs services rémunérés, c'eût été encourager des vexations, quelquefois des chantages.

Rien de pareil à redouter quand il s'agit d'une simple remise ou d'un abandon de droits fiscaux et voilà pourquoi la dualité de systèmes offerte par M. Sauvel nous semble ne pas mériter examen et nous nous rallions entièrement à celui que l'auteur a formulé en une proposition législative que nous voudrions plus claire pour la remise de l'annuité à verser au moment même du dépôt de la demande de brevet.

C'est en effet bien souvent, la première annuité qui est difficile à verser pour l'inventeur ; les autres, si l'invention a une valeur, sont plus faciles à acquitter. Nous ferions donc suivre le troisième alinéa du projet de M. Sauvel, de l'alinéa suivant.

« Celui qui déposera une demande de brevet pourra remplacer le récépissé » du versement de la somme de cent francs, exigée par l'article 7 de la loi du 5 » juillet 1844, par les pièces mentionnées en l'alinéa précédent. »

XXXVII. — Il est une autre mesure fiscale qui, jusqu'ici, n'a pas, par une omission inexplicable, attiré l'attention des Sociétés et des Congrès compétents, et dont la rigueur n'est pas moins excessive et funeste aux intérêts de l'inventeur que la disposition de l'article 32, § 1er, de la loi du 5 juillet 1844. Nous voulons parler de celle de l'article 6, § 1.

« La demande, porte cet article, sera limitée à un seul objet principal, avec » les objets de détail qui le constituent et les applications qui auront été indi- » quées ; » et l'article 12 contient la sanction suivante :

» Toute demande dans laquelle n'auraient pas été observées les formalités » prescrites par les §§ 2e et 3e de l'article 5 et par l'article 6 sera rejetée.

» La moitié de la somme versée restera acquise au Trésor, mais il sera » tenu compte de la totalité de cette somme au demandeur, s'il reproduit sa » demande dans un délai de trois mois, à compter de la date de la notification » du rejet de sa requête. »

Par qui le rejet de la demande est-il prononcé ? qui est juge de la complexité ou de l'unité d'objet ? C'est l'Administration, c'est-à-dire le Ministre du commerce qui est seul arbitre, par lui ou ses commis, de la délivrance ou du refus du brevet, sauf, bien entendu, recours au Conseil d'État de la part du demandeur.

Nous avons cru devoir, de suite, rappeler les termes de la loi.

Examinons maintenant le but de l'article 6 et voyons s'il concorde bien avec les conséquences énormes qu'il produit et que nous allons signaler aussi clairement que possible.

Le but de la loi est bien simple : Il a été d'obliger le demandeur de brevet à verser autant de fois cent francs au moment du dépôt de sa requête, et à verser par la suite autant d'annuités qu'il revendiquait d'inventions, c'est-à-dire à prendre un brevet distinct pour chacune d'elles.

Et c'est pour assurer la perception d'un droit fiscal que la loi de 1844 a édicté au cas où un inventeur viendrait, par suite d'erreur le plus souvent, à comprendre dans sa demande plusieurs inventions, cette sanction du rejet par le Ministre avec les suites que peut avoir cette décision !

Or, d'une part, rien n'était plus facile que de parvenir au même résultat, en obligeant le postulant à verser préalablement à la délivrance du brevet autant de fois cent francs que ce titre garantirait d'inventions distinctes, soit par voie d'avertissement et de contrainte, soit sous peine d'amende et de double droit.

Cela suffirait d'autant plus que rien n'est plus difficile à décider que la question de savoir s'il y a complexité ou non dans un brevet. Le demandeur peut aisément s'y tromper, et donner au Ministre le pouvoir de trancher la question par le rejet de la demande, c'est exposer l'Administration à commettre des erreurs funestes et à léser d'une manière irréparable les droits d'un inventeur. Le droit qu'a ce dernier de se pourvoir au Conseil d'État contre la décision ministérielle n'obvie en aucune façon au danger.

Toutes les conséquences du rejet d'une demande de brevet par le Ministre avaient cependant bien apparu aux membres du [Parlement lors de la discussion de la loi de 1844 et ce n'est que sur l'affirmation quelque peu téméraire du Gouvernement que le pouvoir discrétionnaire donné au Ministre ne serait exercé que dans l'intérêt du demandeur de brevet, avec une extrême mansuétude et une grande bienveillance, qu'on se trouva d'accord pour voter cet article.

Or, le législateur, en imposant au demandeur de brevet de limiter sa requête à un objet unique et en investissant le Ministre du droit de la rejeter en cas de complexité, avait tout simplement emprunté ces dispositions à la loi de 1791. Aussi n'avait-il même pas cru, dans l'Exposé des motifs, devant la Chambre des Pairs, motiver autrement les articles 6 et 12 du projet. La discussion devant la haute Chambre, ne porta pas sur la complexité. Mais, devant la Chambre des Députés, le débat fut plus vif, quoique aucun des orateurs n'eût aperçu les énormités du système de la loi.

XXXVIII. — L'article 6 originaire voté par la Chambre des Pairs portait tout simplement :

« Aucune demande ne devra comprendre plus d'un objet distinct. »

L'article 12 du projet du Gouvernement disait :

« Toute demande irrégulièrement formée sera considérée comme nulle et » non avenue, etc. »

A la différence de l'article 6, cette rédaction subit une première modification devant la Chambre des Pairs. Le changement apporté était sans doute très insignifiant, mais la discussion est trop importante pour que nous n'en rappelions pas deux passages décisifs pour l'interprétation de la loi :

L'article 12, dans le projet du Gouvernement, disposait :

« Toute demande irrégulièrement formée sera considérée comme nulle et » non avenue : la somme versée restera acquise au Trésor, mais il en sera tenu » compte au demandeur s'il reproduit sa demande dans un délai de trois mois. »

La Commission proposa un amendement qui fut adopté et par lequel ce délai de trois mois partirait du jour de la notification du rejet de la demande.

Le Ministre des travaux publics, à qui on objectait que cette faculté donnée à l'Administration de rejeter la demande à fin de brevet l'investissait d'une sorte de droit d'examen préalable, système rejeté par la loi, répondit que le rejet pour absence d'une des formalités exigées par l'article 5 (absence d'une des descriptions de modèles ou d'échantillons) était facile à vérifier sans entrer dans l'examen même de l'objet de la demande. Ce qu'il y a de curieux à noter, c'est que personne ne songea à l'article 6, au rejet de la demande pour cette cause si délicate, si difficile à apprécier de la complexité, et qui, celle-là, nécessite incontestablement l'étude attentive du brevet et une compétence technique sans laquelle toute décision est impossible.

Le Ministre insistait donc, non seulement pour que, en ces hypothèses, la

demande fût rejetée, mais pour qu'elle fût considérée comme *nulle*, tout en ajoutant que l'Administration donnerait, avant le rejet, des *conseils* à l'inventeur, l'inviterait à réparer ses omissions. Ce ne serait que si les irrégularités ne disparaissaient pas que la demande serait rejetée, et, dans ce cas même, le droit du breveté serait sauvegardé : « On peut, disait-il, venir en aide à celui qui a omis d'ac-
» complir les formalités, qui a eu tort de les omettre, parce que, quand la loi
» parle, il faut que tout le monde l'écoute : ON LUI VIENT EN AIDE ; CELA SE FAIT OFFI-
» CIEUSEMENT : IL RÉPARE LES DÉFECTUOSITÉS DE SA DEMANDE...

» MAINTENANT, SI L'IRRÉGULARITÉ SE PROLONGE, IL FAUT BIEN QU'ELLE AIT UN
» TERME ET QUE LA NULLITÉ DE LA DEMANDE SOIT PRONONCÉE, ET, D'AILLEURS, ABAN-
» DONNE-T-ON CET INDIVIDU ? NON, DANS LE DÉLAI DE TROIS MOIS, S'IL RENOUVELLE
» CORRECTEMENT SA DEMANDE, SON DROIT EST CONSERVÉ. »

Ces explications ne satisfirent ni M. Gay-Lussac, ni M. le comte d'Argout, qui, avec une extrême lucidité, firent ressortir les conséquences désastreuses de la faculté accordée au Ministre de rejeter une demande de brevet, même en concédant au demandeur la faculté de renouveler sa demande.

« Il peut arriver, disait-il à la séance du 29 mars 1843, que, dans l'intervalle,
» après qu'on aura décidé que la demande n'est pas parfaitement régulière, il y
» ait une publicité quelconque, et qu'alors un tiers, en étant informé, vienne pré-
» senter une demande corrigée de ces irrégularités, et que le ministre soit obligé
» d'accorder le brevet à ce second demandeur. Par conséquent, le premier se
» trouverait dépossédé, on peut dire furtivement, par un simple abus de confiance.
» Cela ne me paraît pas juste. C'est par ces motifs que je demanderai la suppres-
» sion complète de l'article qui me semble n'être pas nécessaire. »

M. le comte d'Argout n'opinait pas pour la suppression complète, mais pour une limitation de la faculté du rejet de la demande à certaines formalités essentielles :

« Parmi ces formalités (article 5, alinéa 6) disait-il très judicieusement, il y
» en a qui sont très essentielles et sans lesquelles on peut dire qu'il n'y a pas
» réellement de demande : il y en a qui sont très peu importantes et dont l'omis-
» sion se trouverait pourtant soumise à une pénalité excessive, c'est-à-dire au
» rejet de la demande et *à la perte de la date du dépôt des pièces*. Ainsi, la des-
» cription sur le papier au timbre de 1 fr. 50. Je suppose qu'on se trompe et qu'on
» prenne du timbre à 1 franc ; ainsi les mots rayés nuls, comptés, les pages et les
» renvois parafés. Quoi, pour l'omission d'une de ces formes, d'après l'application
» très rigoureuse de l'article 13, la demande devrait être rejetée, sauf à récupérer
» la somme déposée, si, dans les trois mois, on forme une nouvelle demande plus
» régulière?

» Mais dans cet intervalle, il peut survenir un événement désastreux pour
» l'inventeur; il peut arriver qu'un nouvel inventeur se présente et obtienne la

» priorité. Alors le véritable inventeur est complètement déshérité. Je crois » qu'on pourrait trouver une conciliation équitable entre la nécessité de mainte» nir exactement les formalités essentielles et celle d'ouvrir un moyen de répa» ration pour des irrégularités secondaires *sans* perdre la date primitive de la » déclaration. Cette conciliation consisterait à statuer qu'il y aura application » de l'article 13 lorsque la demande n'est accompagnée d'aucune des pièces pres» crites par la loi, mais que d'un autre côté, on conserverait à l'inventeur la date » de sa première demande, lorsque les pièces auraient été fournies mais se trouve» raient entachées de certaines irrégularités. »

La distinction demandée entre l'omission des formalités essentielles et celle des formalités accessoires ne se justifie guère, car, dès que l'on ouvrait une faculté de rectification au demandeur, dès qu'on devait l'informer et l'avertir de venir compléter ses pièces ou réparer une erreur, peu importait la gravité de l'irrégularité commise.

Il n'y avait aucun inconvénient possible à prévenir dans tous les cas le demandeur avant de rejeter sa requête. Mais, par contre, M. d'Argout avait bien vu l'iniquité d'une sanction qui, pour des raisons de forme, pouvait faire perdre à l'inventeur la priorité certaine de son droit au profit d'un usurpateur. L'article fut, sur la demande du rapporteur, renvoyé à la Commission, puis voté par la Chambre des Pairs.

Dans cette rédaction nouvelle, conformément à l'observation de M. d'Argout, on ne donnait au Ministre le pouvoir de rejeter la demande qu'au cas d'omission de certaines formalités sans la lui accorder pour de simples irrégularités. Ainsi l'erreur de timbre ne donnait plus lieu qu'à une simple amende prononcée par les lois spéciales.

« Nous devons commencer par faire observer à la Chambre, disait M. le » marquis de Barthélemy, rapporteur, qu'il ne s'agit pas dans l'article de nullités » à faire prononcer par les tribunaux ; que le Ministre demeure seul juge des irré» gularités. Ne doutez pas, Messieurs, que, lorsqu'il dépendra de lui de le faire, il » ne s'efforce à l'avenir, comme aujourd'hui, d'offrir tous les moyens de les cou» vrir, de les faire disparaître... *Le règlement d'administration publique* (1) *et la* » *pratique pourvoiront au reste. Il s'agit ici, nous le répétons, de formes administra-* » *tives. L'Administration n'agit jamais avec cette rigueur qui caractérise la procé-* » *dure devant les tribunaux.* »

Et c'est sur ces considérations, appuyées d'une réflexion dont l'opportunité a disparu : qu'avec le système des brevets provisoires, figurant alors dans le projet de la loi mais supprimés depuis, l'article 13 (devenu l'article 12) fut voté dans une

---

(1) Le règlement qui devait intervenir pour l'application de la loi du 5 juillet 1844, aux termes de son article 50, et qui n'a jamais été fait.

rédaction nouvelle qui diffère, nous le verrons, notablement encore de l'article 12 définitif.

L'article amendé portait :

« Toute demande où n'auraient pas été observées les formalités prescrites par » les §§ 2e et 3e de l'article 5, 1er, 2e et 6e de l'article 6, sera considérée comme » *nulle*, etc. »

XXXIX. — Devant la Chambre des Députés, la disposition de l'article 6, § 1er, stipulant que la demande de brevet doit être limitée à un seul objet, et qui n'avait soulevé aucune difficulté devant la Chambre des Pairs, donna lieu à une vive discussion.

« Ce qui est dangereux, disait M. Bethmont, c'est cette rédaction : La » demande sera limitée à un seul objet. » Est-ce que lorsqu'un inventeur décrira » son invention, il n'y aura qu'un seul objet sur lequel pourra porter cette inven- » tion? Est-ce qu'il n'est pas possible, est-ce qu'il n'est pas ordinaire qu'une » invention porte sur plusieurs objets ? Est-ce que vous exigerez que l'inventeur » qui invente une machine, par exemple, dans laquelle se rencontrent plusieurs » organes modifiés et nouveaux, est-ce que vous voulez que cet inventeur prenne » trois brevets s'il y a trois inventions dans sa machine ? L'unité sera-t-elle dans » l'objet sur lequel porte l'invention, ou l'unité sera-t-elle dans l'invention elle- » même ?...

» Il faut expliquer que, dans une invention et pour une invention principale » on ne prendra qu'un brevet mais qu'on jouira, en vertu de ce brevet, de toutes » les inventions de détail qui se trouvent dans l'objet principal. »

M. Bethmont demandait la suppression de la disposition de l'article 6, § 1er.

Ce fut M. Philippe Dupin qui lui répondit, et le but exclusivement fiscal de cette prescription est nettement relevé par lui : « Cette disposition est puisée » dans la loi de 1791, son but est facile à expliquer : le principe du paiement » d'une taxe pour l'obtention d'un brevet est reconnu... Or, il est évident que si » vous permettez de comprendre dans un seul brevet plusieurs inventions vous » échappez à loi qui établit la taxe. On fera une liste d'inventions et l'on deman- » dera un seul brevet pour toutes. On ne paiera par conséquent, qu'une seule » taxe. C'est pour obvier à cet inconvénient que la loi de 1791 a voulu qu'il y eût » un brevet pour chaque objet constituant une invention ou une découverte ; elle » a proscrit les brevets collectifs. »

Abordant ensuite, le caractère même de la *complexité* prévue par la loi, le rapporteur disait : « lorsqu'on viendra demander un brevet pour un objet com- » posé de plusieurs organes, il n'y aura qu'un seul brevet, mais s'il y a plusieurs » objets distincts, quoiqu'ils puissent se rapporter à une même idée, *à une même* » *invention*, il y aura lieu à autant de brevets qu'il y a d'objets distincts. »

Obliger à prendre plusieurs brevets pour une seule invention, voilà qui était assurément singulier et excessif.

Arago confondit quelque peu Philippe Dupin par l'exemple de la machine à vapeur de Watt, qui subit tant de modifications, et il demanda si, dans la pensée de la Commission, il faudrait prendre trois brevets pour la transformation du mouvement de va-et-vient en mouvement de rotation, pour le mécanisme du parallélogramme articulé et pour le régulateur à force centrifuge. « Votre article, disait-il, aurait empêché Watt, à moins de trois brevets, de donner à la » machine à vapeur les propriétés si précieuses que tout le monde connaît. »

L'article fut renvoyé à la Commission et sortit de son examen nouveau dans sa forme actuelle qui permet de prendre un brevet unique dès qu'il n'a qu'un objet principal avec ses objets de détail et ses applications.

C'était déjà une amélioration notable quoique insuffisante suivant nous, à la première rédaction. L'article 12 en reçut une autre.

M. Marie insista encore sur ce que, en conférant à l'Administration le droit de refuser à un industriel qui le demanderait un brevet, sous prétexte d'irrégularité, ce serait établir une sorte d'examen préalable.

« Si votre article 12, ajoutait M. Bethmont, n'avait pas une sanction aussi » considérable, je comprendrais cette disposition. Je fais une demande contenant » mon invention. Elle manque des formalités voulues par la loi. Elle est consi- » dérée comme nulle. Huit jours après, un autre fera une demande semblable » pour la même invention dans un autre département, et il obtiendra un brevet, » tandis que moi, je n'aurai pas été breveté. Par qui sera décidée cette question » de priorité ? Toujours dans les mystères de l'examen préalable, au Ministère » du commerce et par M. le Ministre du commerce. Je vous prie de peser tous » les dangers de l'article 12, qui déclare que la demande sera considérée comme » nulle pour un simple vice de forme avec des formalités qu'on dit être assez » indifférentes. Il est impossible d'attacher ainsi la nullité à un simple vice de » forme et de me faire perdre mon brevet. »

Et l'article 12 fut voté avec la rédaction de la loi 1844, où, comme on l'a vu plus haut, il n'est plus question de la NULLITÉ de la demande rejetée par le Ministre pour complexité ou irrégularité de forme.

XL. — Donc, le législateur repoussait cette idée du projet que la complexité ou l'irrégularité de la demande lui devait enlever, ainsi qu'au dépôt, *tout effet* et la discussion que nous avons voulu rapporter aussi complètement que possible, tout en la résumant, ne laisse aucun doute à cet égard. Le Ministre peut rejeter la demande, c'est-à-dire ne pas délivrer le brevet, mais le dépôt de la demande n'est pas destitué de *tout effet*.

Cet effet, quel est-il ?

L'article 12 le dit : le demandeur a le droit de reproduire sa demande dans un délai de trois mois à partir de la notification du rejet de sa requête et alors la première demande produit ses effets, car il lui est tenu compte de toute la somme par lui versée au Trésor pour sa première annuité.

M. de Barthélemy a formellement déclaré, d'ailleurs (v. *suprà*), devant la Chambre des Pairs, que l'inventeur dont la demande était rejetée par le Ministre *conservait ses droits*, à la seule condition de renouveler sa requête dans le délai de trois mois. Cette déclaration ne signifierait rien, si elle ne voulait dire que le renouvellement de la demande n'est point une demande nouvelle et se reporte à la date de la demande originaire qu'elle fait revivre (1).

Mais surtout ce qui nous paraît décisif, c'est la suppression, à la suite des débats parlementaires, de la sanction de nullité de la demande rejetée par le Ministre.

Il n'y en a pas moins là une question susceptible de controverse et certains auteurs ont été d'un avis contraire au nôtre. Si leur doctrine triomphait, tous les périls signalés par Marie, Bethmont, Arago, Gay-Lussac et le comte d'Argout subsisteraient, et l'inventeur, pour une simple erreur ou une irrégularité, pour avoir cru pouvoir se contenter d'un brevet à raison d'une invention unique, serait exposé à être frustré sans ressource, non seulement par le fait de tiers, mais par son fait personnel et légitime.

L'inventeur pouvant exploiter dès qu'il a déposé sa demande, le rejet ultérieur pour cause de complexité ferait considérer son exploitation antérieure au brevet comme une divulgation Dès lors, son second dépôt ne pourrait produire effet, puisque le brevet qui lui serait accordé, à la suite, serait frappé de nullité pour cause de non nouveauté.

De plus, il serait livré sans défense à la discrétion des employés du ministère du commerce, qui, ayant examiné sa demande, pourraient la faire connaître à d'autres, qui, peu discrets, s'empareraient de la révélation ou prendraient, avant le renouvellement de la demande, un brevet utile.

Il y aurait donc lieu de trancher clairement cette si grave, si importante question, soumise à l'heure actuelle aux fluctuations de la jurisprudence et aux variations des errements du ministère.

La lacune de la loi de 1844 est évidente. L'article 6 aurait dû expressément dire que, au cas où une demande viendrait à être rejetée pour cause de complexité et où elle serait renouvelée régulièrement dans le délai de trois mois, le brevet accordé viserait la date de la demande originaire et remonterait, quant à ses effets, au jour où elle aurait été formée.

Dans le silence du texte, la jurisprudence administrative semble, au contraire,

(1) Voir Pouillet, *Brevets d'invention*, n° 141.

méconnaître cette interprétation qui résulte des débats parlementaires. Le brevet est délivré sur la demande rectifiée, c'est-à-dire sur la deuxième demande dont, seul, il mentionne la date, et il n'y est pas le moins du monde question de la première.

De plus, le demandeur est informé du rejet par une lettre imprimée qui n'en mentionne même pas le motif.

« Monsieur (se contente de dire ce document), vous avez déposé au secré- » tariat général de la préfecture du département de..... une demande de brevet » d'invention.

» Cette demande n'etant pas formée régulièrement, j'ai dû la rejeter. L'arrêté » contenant les motifs de cette décision et les pièces qui doivent vous être remises » viennent d'être envoyés à la préfecture.

» Recevez, etc. »

Il est vrai qu'un arrêté ministériel, motivé de la manière la plus succincte, est ultérieurement remis à l'inventeur, qui n'est point appelé à venir préalablement discuter la régularité de sa demande et auquel aucune de ces explications officieuses, bienveillantes, prévues par le rapporteur de la loi à la Chambre des Pairs, n'est donnée.

La date même du dépôt de la première demande est constatée par la mention apposée dans les bureaux au dos de la requête, mais cette indication du jour de la réception des pièces laisse tout entière la difficulté qui nous occupe.

Il y aurait évidemment lieu de reviser la loi de 1844 dans le sens que nous venons d'indiquer.

Mais surtout il conviendrait d'enlever au Ministre le droit de rejeter les demandes de brevets, pour cause de complexité, sans contradiction.

Il est vrai que le Ministre ne rejette la demande qu'après avis demandé par lui, en dehors de l'inventeur, au Conseil des arts et manufactures. Mais, est-ce une garantie sérieuse pour le demandeur? Qui soumet en effet, au Conseil, les demandes présumées complexes? Un employé du ministère qui fait délivrer un brevet à celui-ci et le refuse à tel autre suivant son appréciation.

XLI. — Ce qui est vrai pour la procédure suivie à l'égard des demandes complexes, l'est également des demandes rejetées à raison des autres irrégularités de forme.

L'arbitraire administratif, échappant à tout contrôle et à toute contradiction, dépasse en vérité la mesure.

Nous pouvons citer l'exemple du refus, par une préfecture, d'accepter une demande de brevet parce qu'elle était contenue dans un pli de trop grande dimension. Voilà une cause de refus que le législateur n'avait pas prévue, et d'autant plus dangereuse que l'inventeur ne peut plus même prouver, par l'apposition d'un accusé de réception sur sa requête, la date à laquelle il a notifié son invention, constatant ainsi sa priorité.

XLII. — Ce n'est pas tout, l'article 6, § 5, de la loi du 5 juillet 1844 dispose que les dessins produits à l'appui des demandes de brevets seront tracés à l'encre et d'après une échelle métrique.

Le but de la loi a été uniquement d'assurer la conservation des dessins explicatifs des demandes de brevets en proscrivant tout tracé fugitif ou effaçable.

M. Sauvel, dans sa note communiquée à l'Association des Inventeurs, le 2 août 1883 (*Bulletin du 15 novembre 1883, n° 21*) relève avec raison ce qui s'est dit à ce sujet lors de la discussion de la loi du 5 juillet 1844 à la Chambre des Pairs : « M. le vicomte Dubouchage ayant proposé de dire que les dessins pour- » raient être *lithographiés ou gravés*, M. Girod (de l'Ain) répondit : les dessins » gravés et lithographiés sont à l'encre, » déclaration dont M. Dubouchage prit acte en disant : « Eh bien, je réserve cette observation, elle sera consignée au » procès-verbal ; » et depuis, aucune autre discussion ne s'est jamais élevée à ce sujet.

Or, une note du Ministre du commerce, parue au *Journal Officiel* du 12 décembre 1882, informait les inventeurs que les photographies et les dessins effectués suivant des procédés particuliers dérivés de la photographie seraient considérés comme contraires aux prescriptions de l'article 6, § 5, de la loi de 1844, et seraient de nature à faire rejeter la demande de brevet.

Cet avis suscita un grand émoi, et la Chambre syndicale de la photographie ayant réclamé près du Ministre, celui-ci répondit par une lettre qui semblait proscrire *tout procédé dérivé de la photographie* (1).

Une telle interprétation de la loi a semblé à bon droit erronée et abusive à l'Association des Inventeurs comme à la Chambre syndicale de la photographie. Et, en effet, que veut l'article 6, § 5 ? que les dessins soient tracés à l'encre. Il ne s'est nullement préoccupé des procédés employés et n'a pas exigé que le tracé ait été fait à la main, puisque la gravure et la lithographie ont été comprises, d'après les explications ci-dessus reproduites de la discussion, au rang des tracés à l'encre. Or, il nous semble qu'aucune distinction ne saurait être admise entre les procédés photographiques et les autres, dès que le dessin est fait à l'encre, et cela en vertu de la loi elle-même. Mais de plus, n'y aurait-il pas lieu de mettre notre législation en harmonie avec les lois étrangères admettant comme un procédé licite l'emploi de tout produit photographique présentant des garanties de soli-

(1) Voir communication de M. Sauvel, 15 avril 1884, *Bulletin de l'Association des Inventeurs*, n° 25.

dité et de durée égales à celles offertes par l'encre ? La loi allemande du 25 mai 1877, dans son article 20, a, en effet, comme on l'a justement fait remarquer (1) admis la photographie même au nombre des moyens de reproduction des dessins.

Nous ne pouvons rester en arrière, et il conviendrait de faire cesser les scrupules du ministère en autorisant expressément, par une modification apportée à l'article 6, § 5, les inventeurs à faire reproduire leurs dessins annexes par les procédés photographiques.

Une stipulation expresse en ce sens serait d'autant plus nécessaire que les rejets de demandes pour cette cause d'irrégularité deviennent de plus en plus fréquents dans des espèces où la rigueur de la décision nous semble excessive.

XLIII. — La susceptibilité du ministère vis-à-vis des inventeurs, quand il s'agit de violations de la loi, n'exclut pas de la part de l'Administration une grande négligence dans l'exécution des obligations qui lui incombent.

A plusieurs reprises, l'Association des Inventeurs s'est préoccupée des errements fâcheux de tradition au Ministère du commerce. Récemment le *Syndicat des Ingénieurs-conseils en matière de propriété industrielle* (2) a publié des mémoires fort complets sur les réformes universellement réclamées.

Nous ne pourrions, sans nous exposer à des redites, insister sur la nécessité de créer un service spécial et central de la propriété industrielle. Dans notre Mémoire, au Congrès de 1878, nous avons exposé nos idées à ce sujet et nous les avons vu adopter, sans contradiction, dans les rapports de MM. Beaume, Armengaud jeune et Thirion, à l'Association des Inventeurs. La centralisation, au Conservatoire des Arts et Métiers, de tous les services, la création d'une bibliothèque et d'un musée de la propriété industrielle sont aujourd'hui préconisées par tous les publicistes et par les Sociétés compétentes.

L'article 12 de la Convention du 20 mars 1883 semblait faire espérer la prompte réalisation de cette organisation nouvelle. En effet, ne dit-il pas : « Chacune des hautes parties contractantes s'engage à établir un service spécial de la propriété industrielle et un dépôt central pour la communication au public des brevets d'invention, des dessins ou modèles industriels et des marques de fabrique ou de commerce. »

Depuis, rien n'a été fait pour la création de ce service. Le bureau des brevets d'invention subsiste toujours isolé au Ministère du commerce, sous un nom nouveau, il est vrai : Bureau de la Propriété industrielle, et une feuille spéciale,

---

(1) V. communication de M. Sauvel sus-indiquée.

(2) *Bulletin du Syndicat des Ingénieurs-conseils*, n° 1, Paris 1885. — Note sommaire sur diverses questions relatives à la procédure administrative en matière de propriété industrielle (autographie).

incomplète, insuffisante, ne répondant en rien au but auquel elle est destinée, est seule publiée au lieu et place de l'ancien catalogue, qui valait beaucoup mieux.

En revanche, non seulement les anciens vices du fonctionnement administratif subsistent, mais une entrave nouvelle et vexatoire est même venue aggraver les difficultés auxquelles sont condamnés ceux qui veulent faire des recherches dans les brevets déposés au ministère.

La communication libre et sans frais à toute réquisition, de ces brevets, est un principe proclamé par l'article 23 de la loi du 5 juillet 1844. Or, un ordre de service de M. Ch. Hérisson, Ministre du commerce, en date du 13 juin 1884, interdit expressément de copier les descriptions et de calquer les dessins annexés aux brevets d'invention communiqués au public. Toute note et tout croquis sont également interdits, d'après le même ordre.

Que devient la communication libre et sans frais des brevets au public, avec une telle restriction ? Une vaine apparence. Comment la mémoire la plus exercée peut-elle utilement consulter des brevets et retenir les détails qu'ils renferment, les procédés scientifiques qu'ils décrivent et, bien plus, les dessins destinés à expliquer une invention et à en permettre l'exécution, s'il n'est même pas possible de prendre une note ! de relever un dessin au crayon !

Pourquoi le Ministre, revenant sur une pratique constante de ses prédécesseurs et autorisant le public à prendre les notes nécessaires sur les brevets qui étaient communiqués, a-t-il tout à coup prohibé toute autre prise de connaissance que celle de la lecture des mémoires et de la vue des dessins ? C'est, il est triste de le constater, dans un but purement fiscal, que, tout d'un coup, le Ministre supprimait une tolérance conforme au vœu de la loi, et pour que les personnes ayant besoin de consulter à loisir un brevet fussent tenues d'en commander une copie authentique à ses bureaux !

Or, cette obligation de lever, en payant une taxe, expédition des brevets dont on veut prendre communication par écrit, où se trouvait-elle dans la loi du 5 juillet 1844? Nulle part, et tout, dans le texte, dans les travaux préparatoires, dans la discussion, répugnait à une semblable exigence.

Ce n'est que par une extension arbitraire des articles 11 et 12 de la loi et en imposant à tout tiers voulant prendre copie d'un brevet la taxe exclusivement applicable au breveté ou ses ayants cause que le Ministre a pu élever sa prétention exorbitante.

L'article 23 de la loi cependant est bien formel. Dans son premier alinéa, il ordonne la communication gratuite des brevets à toute réquisition. Dans le second alinéa, il dit que « toute personne pourra obtenir, à ses frais, copie des descrip- » tions et dessins suivant les formes qui seront déterminées dans le règlement » d'administration publique » qui devait être rendu aux termes de l'article 50 pour l'exécution de la loi et qui n'a jamais été pris.

Mais nulle part, il n'a été question de faire de la délivrance de ces *copies* une ressource fiscale pour alimenter les caisses du Ministère du commerce. C'est là une faculté ouverte au public et pour sa commodité, dans le cas où il semblerait préférable à celui qui veut consulter un brevet, de s'en faire délivrer copie par l'Administration, plutôt que d'aller lui-même en prendre communication. Ce n'est donc pas dans l'intérêt du ministère que cette disposition a été édictée, et c'est sans droit que le Ministre perçoit une taxe qu'aucune disposition ne l'autorisait à exiger sur la délivrance des copies qu'il entendait ainsi rendre indispensables, quand elles ne sont que facultatives.

La volonté du législateur de permettre la prise de notes sur les brevets déposés au ministère sans qu'aucune taxe puisse être exigée n'est pas même douteuse quand on se reporte aux travaux préparatoires de la loi de 1844.

L'article 25 du projet du Gouvernement, présenté à la Chambre des Pairs le 10 janvier 1843, disait :

« Les descriptions, desssins, échantillons, modèles des brevets délivrés, res- » teront déposés au Ministère de l'agriculture et du commerce où ils seront » communiqués, sans frais, à toute réquisition... » Puis, un second alinéa ajoutait : « Il ne pourra être pris aucun calque, croquis ou note sur ces pièces, échan- » tillons ou modèles. »

Le projet du gouvernement admettait des brevets provisoires qui devaient, dans le délai de deux ans, être convertis en brevets définitifs de cinq, dix et quinze ans.

La Commission nommée par la Chambre des Pairs proposa un amendement à l'article 25 ci-dessus reproduit. L'article, devenu l'article 27, était ainsi conçu :

« Art. 27. — Les descriptions, dessins, échantillons et modèles des brevets » délivrés, resteront déposés au Ministère de l'agriculture et du commerce où » ils seront communiqués sans frais à toute réquisition.

» Il ne pourra être pris, *pendant la durée du brevet provisoire*, aucun calque, » croquis ou note sur ces pièces, échantillons ou modèles.

» A l'expiration du brevet provisoire, toute personne pourra obtenir à ses » frais copie desdites descriptions ou dessins, suivant les formes qui seront » déterminées, etc. »

Cet article fut ainsi voté par la Chambre des Pairs.

Devant la Chambre des Députés, à laquelle fut présentée ensuite la loi adoptée déjà par la Chambre des Pairs, le Ministre de l'agriculture et du commerce s'exprimait ainsi :

« . . . Dans l'état actuel et en vertu de l'article 11 de la loi du 7 janvier » 1791, tous les brevets, descriptions et modèles sont communiqués au public à » toute réquisition, au Ministère de l'agriculture et du commerce.

» Cette disposition est maintenue, mais seulement pour les brevets provi- » soires. On avait demandé, dans l'intérêt des brevetés, que les descriptions rela-

» tives à ces brevets fussent tenues complètement secrètes ; mais il est à considérer que la communication en est nécessaire, d'abord pour que les inventeurs puissent toujours, avant de prendre un brevet, vérifier si leur découverte n'est pas déjà l'objet d'un brevet délivré, et, en second lieu, parce que toute poursuite en contrefaçon serait impossible, si le contrefacteur pouvait invoquer légitimement son ignorance. »

Puis le Ministre expliqua que les brevets provisoires tombés dans le domaine public et les brevets définitifs seront publiés sans délai, ce qui rendait la divulgation générale et n'a pas pour conséquence assurément de faire délivrer à prix d'argent, par le Ministre, des copies authentiques des brevets à tous ceux qui ont intérêt à les consulter.

« Les descriptions et dessins des brevets provisoires, dit l'Exposé des motifs, tombés dans le domaine public *et des brevets définitifs seront publiés immédiatement;* et cette mesure, en faisant connaître dans tous les départements les découvertes brevetées, qui n'y sont aujourd'hui annoncées que par le catalogue annuel, donnera de l'essor à l'industrie, tandis que la faculté de consulter les descriptions ne profite actuellement qu'aux industriels de la capitale. Les brevetés n'y perdront rien, et l'industrie générale y gagnera. »

On voit que le Gouvernement ne cherchait pas à se créer une source de revenus et que sa seule préoccupation était, en ouvrant aussi tard que possible la communication des brevets au public, le double intérêt des brevetés et de l'industrie.

Le rapport de M. Philippe Dupin, au nom de la Commission de la Chambre des Députés est tout aussi net et aussi décisif : « Dès que les brevets sont délivrés, et les droits de l'inventeur assurés, les descriptions, dessins, échantillons et modèles des brevets déposés au Ministère du commerce doivent être communiqués sans frais à tous ceux qui les réclament.

» La raison en est simple. Il faut bien que ceux qui veulent se faire breveter soient mis à même de vérifier s'ils n'ont pas été devancés dans leur découverte et dans l'obtention d'un brevet.

» Ces descriptions et dessins peuvent être, d'ailleurs, un utile objet d'étude ; *leur publicité est une école d'industrie ouverte à tous ; il suffit aux intérêts des brevetés qu'on ne puisse exploiter leur découverte.*

» Cependant on ne permet pas que, *pendant la durée du brevet provisoire,* aucuns calques, croquis ou notes soient pris sur les pièces communiquées. C'était une conséquence, pour ainsi dire obligée, du droit exclusif de perfectionnement accordé au breveté pendant cette période.

» Mais, *à l'expiration du brevet provisoire,* toute personne pourra obtenir, *à ses frais,* copie des descriptions et dessins suivant les formes *réglementaires* que la loi abandonne aux soins de l'Administration.

» Toutefois, cette communication dans les bureaux ne pouvait profiter aux » industriels de la province ; elle n'avait d'utilité réelle que pour ceux de la » capitale.

» La loi ancienne avait cherché à corriger autant que possible cette inégalité, » en ordonnant que la publication officielle,par la voie de l'impression ou de la » gravure, aurait lieu dès que l'expiration du brevet aurait mis fin au privilège.

» *Mais pourquoi attendre l'expiration du brevet pour divulguer ainsi les res-* » *sources nouvelles offertes à l'industrie, et pour provoquer leur perfectionnement ou* » *mettre sur la route des découvertes qui s'y rattachent? L'article 25 veut que la* » *publication soit faite aussitôt que le brevet provisoire a été converti en brevet* » *définitif.* »

Eh bien ! qu'aurait pensé le législateur de 1844 si on lui eût dit que cette communication des brevets dont la publicité était considérée par lui comme une ÉCOLE D'INDUSTRIE serait bornée à la simple lecture ? Comprend-on que des graveurs allant voir des tableaux au Louvre soient empêchés de les copier sous prétexte qu'ils nuiraient à la vente de la calcographie où il leur serait loisible d'acheter des reproductions ? Tel est cependant, dans une autre matière, le résultat de *l'ordre* du Ministre. Je veux étudier les brevets relatifs à mon industrie, je veux prendre des notes pour ma simple instruction... Non ! Un garçon de bureau me l'interdit, et je devrai payer 25 francs par chaque titre pour l'étudier ensuite à loisir !

Dans le système du projet la publication des brevets devant être *immédiate*, les intéressés pourraient attendre, se passer même de croquis et de notes en achetant à très bas prix la reproduction des documents utiles, comme cela a lieu en Angleterre et aux Etats-Unis.

Or, les brevets provisoires ont été supprimés, la publication n'a lieu qu'après le payement de la deuxième annuité, et l'Administration est maîtresse de publier *in extenso* ou par extrait, aux termes de l'article 24 de la loi de 1844. Cette publication est en retard de plusieurs années, car on en est encore à publier les brevets de 1880 pour la seconde et de 1869 ou 1870 pour la première série !

La prise de notes et de croquis devient donc une nécessité pour qui veut avoir communication utile des brevets déposés au ministère. Et c'est dans une telle situation, alors que l'interdiction de prendre des notes et croquis a été supprimée par le législateur lui-même, et a disparu de l'article 23, que le Ministre a pris cet ordre, par l'effet duquel toute recherche utile dans les brevets du ministère aboutirait à l'obligation illégale de commander des expéditions à 25 francs chacune dans les bureaux !

Le Ministre a invoqué encore pour justifier le maintien de son ordre de service une singulière raison. Ce serait, non seulement pour assurer des recettes, mais pour garantir la conservation des brevets déposés, qu'il serait interdit de prendre des notes, des calques et des croquis, ce que le Conservatoire des Arts et Métiers autorise pour les brevets expirés. Il n'y a qu'une objection, hélas ! c'est que celui qui commande une expédition à 25 francs, est obligé de prendre lui-même ou de faire faire par son représentant, le calque du dessin. Le paiement des 25 francs est-il donc un préservatif pour le brevet ?

Toutes ces raisons déterminantes en droit et toutes les considérations de fait et de bon sens doivent décider le Ministre du commerce à revenir sur l'ordre de son prédécesseur. Les protestations réitérées, énergiques qui lui ont été adressées suffisent déjà à le convaincre de l'impopularité et des inconvénients de la mesure si légèrement prise (1).

XLIV. — Si, comme nous l'espérons, le Ministre, se conformant à la loi, rend au public le droit de prendre librement communication utile des brevets, c'est-à-dire en s'aidant de notes et de copies de dessins, il n'aura pas encore tout fait pour satisfaire au vœu de l'article 23. Suivant cette disposition, les brevets doivent être communiqués *à toute réquisition*. Or, les brevets qui doivent être publiés sont distraits des cartons et envoyés par séries tout entières à l'Imprimerie nationale. Pendant de longs mois, il est donc impossible de prendre connaissance, au ministère, de ces brevets utiles à consulter, car ils sont en pleine exploitation. Des mesures devraient être prises pour empêcher cette distraction en masse et il serait peut-être facile à une grande administration d'avoir chez elle une imprimerie, tout comme la première petite Société financière venue, ou tout au moins une délégation de l'Imprimerie nationale.

Nous pourrions encore reproduire les plaintes auxquelles ont donné lieu les retards dans la délivrance des brevets, si nuisibles à l'exercice des droits de l'inventeur, et les critiques déjà formulées par nous en 1878. — Enfin, nous réservons les réformes de juridiction et de procédure si désirables, et cependant encore bien reculées !

Les modifications réclamées ici par nous ne sont pas, en effet, les seules utiles. Elles sont les plus urgentes, et à ce titre, elles se recommandent d'abord. D'autres perfectionnements suivront dès qu'on sera entré dans la voie des réformes, et nous pensons que la dénonciation de la Convention du 20 mars 1883 enraierait, pendant bien longtemps, les heureuses innovations qu'elle rend nécessaires, pour nous condamner au *statu quo*, c'est-à-dire à la pratique vicieuse d'une des lois les plus anciennes de l'Europe, remontant à 1844, et dont l'application, qui n'a même pas été l'objet du règlement d'administration publique prescrit par l'article 50, semble être, dans ses restrictions et ses puérilités, tout entière dirigée contre les inventeurs qu'il s'agit de protéger.

---

(1) Voir sur cette question la note de M. Albert Cahen. *Bulletin du Syndicat des Ingénieurs-conseils*, n° 1.

5.V.9

PARIS

IMPRIMERIE BREVETÉE Vve EDOUARD VERT

29, rue N.-D.-de-Nazareth et passage du Caire, 12.

ÉDOUARD JULES-JUTEAU, représentant.

www.ingramcontent.com/pod-product-compliance
Ingram Content Group UK Ltd.
Pitfield, Milton Keynes, MK11 3LW, UK
UKHW021136230726
13926UKWH00002B/832